Anonymus

Göppinger Kochbuch

Zweiter Teil

Anonymus

Göppinger Kochbuch
Zweiter Teil

ISBN/EAN: 9783742896391

Hergestellt in Europa, USA, Kanada, Australien, Japan

Cover: Foto ©Lupo / pixelio.de

Manufactured and distributed by brebook publishing software
(www.brebook.com)

Anonymus

Göppinger Kochbuch

Göppinger Kochbuch

Zweyter Theil

oder

Neue Sammlung
vieler

Vorschriften

von

Fastenspeisen

und allerley

Koch- und Backwerk

für

junges Frauenzimmer

von

einer Freundinn der Kochkunst
in Göppingen.

Stuttgart,
bei Erhard und Löflund.
1790.

Vorrede.

Sowohl das Zureden guter Freundinnen und der Verleger, als auch die günstige Aufnahme des ersten Theils von dem Göppinger Kochbuch, veranlassen mich noch einen zweyten Theil herauszugeben. Dieser enthält keine Vorschriften, die schon in dem ersten Theil vorkommen, sondern solche Sachen, die theils darinnen zurück geblieben, theils neu erprobt worden sind. Ich hoffe, es werden sich verschiedene Stücke darunter finden, mit denen man wohl zufrieden seyn wird. In dem Register sind die Fastenspeisen mit

einem

einem * bezeichnet worden, um es
der Freundinn bequem zu machen,
daß sie nicht lange nachsuchen darf,
wenn sie solche verfertigen will. Es
wird wohl nicht nöthig seyn zu mel=
den, daß die meisten kleinen Pastet=
lein, wie auch hie und da sonst eine
Speise, zu Fastenspeisen gebraucht
werden können, wenn man die dabey
befindliche Fleischbrühe wegläßt, wel=
ches man eben nicht sehr bemerken
wird. Auch habe für gut befunden,
noch einige Regeln im Kochen, und
im Anhang verschiedene Vortheile in
der Haushaltung beizusetzen, die
vielleicht einigen noch unbekannt
seyn möchten.

Göppingen, den 2. August 1790.

die Verfasserinn.

———————

Eini=

Einige Voraufgaben.

Jch halte es für nöthig, zu besserm Verstand und Benutzung dessen, was im folgenden vorkommt, einige vorläuffige Aufgaben und Vorschriften voranzuschicken, damit man es nicht so oft bey jedem Artikel wiederholen muß.

Ein Fleisch oder Geflügel in einer Presse zu kochen.

Der Nuzen davon ist, daß das Fleisch und Geflügel davon einen guten Geschmack bekommt: man nimmt einen Casserol oder irrden Geschirr, welches die Weite hat, daß das Geflügel und Fleischwerk neben einander zu liegen kommen kann, und belegt das Geschirr mit einigen Scheiben Speck; man kann auch etwas geschnitten. frisches Nierenfett darzu nehmen und auf dem Speck herum legen; alsdann wird das Geflügel oder Fleisch darauf gelegt, mit Wurzelwerk, auch einigen beliebigen Kräutern, einem Zwiebel, einem Lorbeerblatt, einem Paar

A ganze

ganze Nägelen, und einem Paar ganze Pfef-
ferkörner, auch einem Stücklein Ingwer zugedeckt, und auf ein ganz langsames Kohlfeuer
gesetzt, man läßt es dann ein wenig dämpfen,
aber so, daß es nicht gelb wird; hierauf
füllt man es mit Fleischbrühe auf, in Ermanglung deren kann man auch Wasser nehmen, und läßt es bis es ziemlich waich ist, an
eingnder kochen: so kann man es heraus nehmen, und dann von allen Sorten Sos daran machen, wie man will.

Ein Fleisch oder Geflügel zu blanchiren.

Dieses geschiehet auf folgende Weise:
Wenn das Fleisch oder Geflügel sauber gewaschen ist, wird es in einer meßingenen Pfanne, Stollkachel oder Casserol mit kaltem
Wasser auf das Feuer oder Kohlen gesezt,
wo es so lange darauf stehen bleibt, bis es
anfangt sieden zu wollen; dann wird es wieder heraus genommen, mit frischem Wasser
abgepuzt, wo sich noch etwas daran befindet,
und zum bestimmten Gebrauch genommen:
man kann auch ein wenig weiß Mehl in das
Wasser thun.

Etwas mit Eyerdottern legiren, oder ab-
ziehen.

Die Eyerdotter werden jederzeit verrührt,
und nach jeder Beschaffenheit entweder saurer

rer Rohn, süßer Rohn, oder ein wenig kalt
Wasser darzu genommen; denn wenn die
Eyer gleich mit der heißen Brühe abgerührt
werden, werden sie sobald kraus; hierauf werden jedesmalen vor dem Anrichten die Eyerdotter mit der Sos angerührt, und wieder
in das Geschirr gethan, und unter beständ-
digem Umrühren läßt man sie ein wenig anziehen. Ist es aber eine grose Portion Brühe in einem grosen Geschirr, so wird es mit
dem Schöpflöffel schnell auf- und abgeschüt-
tet, bis der Eyerdotter angezogen; das heißt
so viel, daß es nicht mehr nach rohen Eyern
rieche und doch nicht kraus werde.

Zucker zu brennen, wovon man eine Couleur (Farbe) an die Speise geben kann.

Dieses wird wie folget gemacht: Es
wird nämlich etwas gestoßener Zucker in ein
klein eisernes Pfännlein gethan, solcher mit
einem ganz kleinen Rührlöffel über den Kohlen beständig umgerührt, bis es ganz ver-
loffen und schaumig wird; alsdann wird es
vollends langsamer gerührt, bis es mehr
braun als gelb ist, denn es darf ziemlich
braun seyn, nur nicht zu viel, daß es nicht
zu bitter ist; dieses kann man mit Wasser
ablöschen, zuvor aber vom Feuer abheben; und
so kann man diese Farbe einige Tage aufhe-

ben,

ben, und Soßen oder Speisen davon gelb
machen: iſt es aber zum wirklichen Gebrauch beſtimmt, ſo wird es mit der nämlichen Sos, worzu es kommt, oder mit
Fleiſchbrühe abgelöſcht.

Noch einige Vortheile im Kochen.

Da dergleichen Bücher immer für junges Frauenzimmer geſchrieben werden, die
noch nicht genug Erfahrung haben, ſo mag
es nicht überflüßig ſeyn, auch geringe Vortheile, die doch einen groſen Einfluß haben,
hier beizuſetzen, indem man durch die Pünkt-
lichkeit mit wenigerem Gebrauch den Speiſen mehr Geſchmack geben kann. Die
Hauptſache iſt dieſe: es muß alles pünktlich geputzt und gewaſchen werden, zum Exempel,
das Rindfleiſch, von deſſen Sos die Speiſen gekocht werden, muß ſauber abgeſchaumt
werden, und zwar nicht ſchon ſo bald es nur
einen Schaum wirft, ſondern alsdann,
wann er ſich ein wenig veſte zuſammen gezogen hat, ſonſten er nur wieder durch den
Schaumlöffel lauft, und eine kutterichte Sos
macht. Ferner iſt es gut, wenn es immer
langſam und nicht zu ſchnell ſiedet, auch immer mit einem Deckel wenigſtens halb zugedeckt iſt. Alle Speiſen, die man im
Brühewaſſer kochen muß, beſonders Kohl
und Kohlraben, erfordern, daß ſie beſtändig
genug

genug Wasser haben, sonsten sie nicht schön
weiß bleiben, und auch einen laugichten Geschmack bekommen. Bey Erbsen und Linsen
ist hauptsächlich in Acht zu nehmen, daß
solche nicht mit einem blechernen oder eisernen Deckel im Kochen zugedeckt werden,
weil sie davon ihre Farbe verliehren und ganz
grau werden. Wo ein Buttermehl an eine
Speise zu machen, ist immer Acht zu haben,
daß es auf keinem starken Flammfeuer gemacht werde, und der Butter ja nicht heiß,
sondern nur verschliffen sey; sogleich wird das
Mehl hinein gethan, und sobald es anfangt
zu schaumen, zum gehörigen Gebrauch genommen; wenn auch eine Speise so zu sa-
gen ein braunes Mehl erfordert, ist es niemalen gut, wenn man es mehr als etwas
gelb macht, ausser es gehöre zu einer sogenannten brennten Suppe, indem die Speisen davon rauh werden, und den Geschmack
einer brennten Suppe bekommen; wenn es ja
gelb seyn muß, wird lieber ein wenig Zucker
daran gebrennt, wenn man keine Jus (Schü)
hat. Ueberhaupt wird jede gute Köchin sich
bemühen, bey dem Kalbs- Schweinen-
Hammel-Braten, auch Geflügel, auf die
Sos davon recht acht zu haben, daß sie
pünktlich und nicht flammicht werde: damit
sie alles das, was man nicht zur Tafel gebraucht, oder von der Tafel säuberlich zu-

rück kommt, an ihre Speisen gebrauchen,
und ihnen den herrlichsten Geschmack damit
geben kann. Es kommt auch viel darauf an,
daß man einen Braten oder ein Stück Fleisch
niedlich oder ordentlich auf die Tafel zuricht-
te, damit es nicht aller Orten die Beiner heraus strecke, z. E. ein Braten von der sogenannten Schos oder Rippstück ist ganz
artig, wenn man den sogenannten Rückgrat
halb abhauet, nämlich da, wo das Mark
durchgehet, so wird er sich besser legen, und
die Beiner sind nützlicher mit dem Rindfleisch zu sieden, als die Fette vom Braten
an sich zu schlucken. So ist es auch bey
einer Kalbsbrust, wenn man den sogenannten Strahl, woran die vorderste Rippen
angewachsen sind, nicht weghauet; so siehet es
auch nicht schön, wenn an einem Schlegel
der hinterste dicke Knochen nicht abgehauen
wird. Auf diese Weise kann man manchem
Stück Fleisch eine Art geben, die auf dieser Seite schadet und auf einer andern Seite
Nutzen bringt. Daß man im Kochen wieder vieles zu Nutze machen kann, wird ein
manches beym Nachdenken finden.

Anmerk. 1. Es ist immer schädlich, wenn
man eine übrig bleibende Speise auf
einer Zinnplatte oder in einem Casserol
aufzubehalten sucht, besonders wo etwas saures damit verbunden ist.

2. Bey

2. Bey jedem HefenBackwerk iſt es gut, wenn das Blech mit ein wenig Butter geſchmiert wird; ein kleiner Vortheil aber bey dem Schmieren iſt, wenn man ein klein Stücklein Butter zwiſchen ein Blättlein weiß Papier nimmt, ſolches auf dem Blech herum reibt: ſo hat man weder die Finger noch einen Pinſel darzu nöthig; iſt der Butter gar hart, ſo kann das Blech ein wenig warm gemacht werden.

Schmalz auszuſieden.

Da ich ſchon öfters bemerkte, daß manche Perſonen nicht genug erfahren ſind in der Behandlung, von dem Butter Schmalz zu machen, damit es gut und haltbar ſey, ſo will ich auch eine Erklärung davon geben. Der Butter wird in einer groſen eiſernen Pfanne oder Keſſelein über das Feuer geſetzt, darzu wird ein kleiner Zwiebel, worein ein Kreutz geſchnitten, und etwas Salz ein Theelöffelein oder je nachdem es Butter iſt, ein Eßlöffelein voll genommen; wenn alſo der Butter anfangt zu ſieden, wird er zuweilen mit dem Schaumlöffel aufgerührt, wenn er aber anfangt helle zu werden und das Dicke ſich zu Boden zu ſetzen, muß man es ſorgfältiger mit dem Schaumlöffel in der Pfanne aufkratzen, daß es ſich nirgend zu

A 4   hart

hart anlege. Wenn nun der Satz anfangt
schön gelb zu seyn, muß man viele Sorgfalt dabey anwenden, daß man kein zu starkes Feuer habe, indem das Schmalz gar
gerne wieder in die Höhe steigt, wo man so
geschwind es nicht herab thun kann, und in
diesem Fall gar gleich ein Unglück geschiehet.
Man thut also wohl, wenn man auf die
Letzte kein starkes Feuer mehr hat. Wann
nun die Ausfude sich zu Boden setzt, und
etwas heller als Castanien gelb ist, wird es
vom Feuer abgesetzt, und wenn es ein wenig
abgekühlt, durch ein sauber Tuch in eine
Schüssel gegossen, zuletzt wird die Ausfude
auch in das Tuch genommen, und solches aus-
gewunden, so lang es noch schön helle lauft;
alsdann kann man das Tuch aufmachen,
die Ausfude noch einmal mit dem Löffel um-
wenden und abermalen zum nächsten Gebrauch ausdrucken, damit das andere schön
rein bleibe. Viele haben die irrige Mey-
nung, so bald sich die Ausfude zu Boden
setze, und das Schmalz anfange helle zu
werden, sey es zur Genüge gesotten: aber
nein, das Schmalz ist nicht so haltbar und
man kann nicht ohne viele Mühe das noch
zurückgebliebene Schmalz aus der weißen
Siede bringen; freylich wenn man nicht
acht gibt, kann man es gar zu braun machen, wo aber das Schmalz etwas von seiner

ner schönen Farbe verliert. Wenn nun dasselbe anfangt zu gestehen, so muß es einigemal umgerührt und in das gehörige Geschirr zum Aufbehalten gegossen werden; wenn man es gar nicht rührt, wird es kraus, und wenn es, ehe man es rührt, zu dick wird, wird es weiß. Ich finde niemalen für gut, das Schmalz, wie es manche machen, in Kupfer oder Meßing zu sieden, in einer eisernen Pfanne ist es der Gesundheit vorträglicher.

Schweinen Schmalz.

Dieses ist zwar keine Sache, wobey man vieles zu beobachten hat. Man kann den Speck oder Schmalz hacken oder schnitzlen, in eine Pfanne thun, mit einem Löffel öfters umrühren, daß es auf dem Boden nicht gelb wird, ehe es Saft bekommt; wenn es viel zerschmolzen ist, kann man immer durch den Schaumlöffel oder Suppenseiher etwas davon abgießen, bis auf die Letzte, wenn die Grüben anfangen gelb zu werden, wo man dann alles voll durchlauffen lassen kann. Ist es nicht zu viel und man hat eine grose Haushaltung, daß solche nicht zu lang stehen darfen, kann man sie nach und nach zum Salat oder anderm Schmälzen auch zu Gemüsern gebrauchen, wenn man sie wieder heiß, und noch ein

wenig

wenig gelber macht: will man sie aber nicht
aufbehalten, werden die Grüben wieder in die
Pfanne gethan, so gelb gemacht als das
Brod, womit man die Suppen schmälzt,
und durch ein Tuch gepreßt, so wird man
wenig Abgang haben. Will man aber, um
Salat anzumachen, in Vorrath SchweinenSchmalz samt dem Speck machen, so
muß der Speck ordentlich gewürfelt, nicht
zu klein und nicht zu groß geschnitten, in
der Pfanne unter beständigem Umrühren zer-
laffen werden, bis die Grüben kaum anfangen gelb zu werden; wenn sie ein klein
wenig abgekühlt sind, werden sie in einen
beliebigen Hafen gegoffen, wo dann die
Grüben alle zu Boden fallen werden; wenn
es anfangt zu gestehen, wird es mit dem
Rührlöffel unter einander gerührt, daß die
Grüben und Schmalz gleich unter einander
kommen, es muß eben so dick seyn, daß
die Grüben nicht mehr zu Boden fallen können; wenn man GansSchmalz darunter
rühren will, gibt es die besten Saläte; will
man Salat davon machen, wird so viel
als man davon nöthig hat, wieder heiß gemacht, bis das Schmalz heiß und die Grüben gelb sind; sodann wird es mit Eßig ab-
gelöscht. Wenn man das Schmalz lange
aufbehalten will, muß oben darauf SchweinenSchmalz ohne Grüben gegoffen werden,

weil

weil die Grüben, welche oben heraus sehen,
sonst gerne grün werden.

GansSchmalz.

wird auf die nämliche Art wie oben das
SchweinenSchmalz behandelt, nur daß das
ausgebratene Schmalz mit dem inneren
Schmalz soll ausgelassen werden, damit es
einen bessern Geruch davon hat. Will man
aber solches zu kaltem Salat statt des Pro-
vencerOels gebrauchen, so wird nur das
innere Bauchschmalz zerschnitten, und auf
heiser Aschen so kalt als möglich zerschmolzen,
welches man durch einen engen Schaumlöffel
in ein PorcellanGeschirr ablauffen läßt, das
übrige aber wird vollends heiß ausgelassen,
und zum Kochen gebraucht. Will man
vom obigen Schmalz kalten Salat machen,
so sticht man davon heraus, läßt es in einem
kleinen PorcellanGeschirr zergehen, aber ja
bey keiner grosen Wärme, und nimmt es statt
des Oels. Das allein ist dabey zu beobachten, daß der Salat nach dem Waschen im
Winter ins Zimmer gestellt wird, damit er
nicht so gar kalt sey.

Sup-

Suppen.

Eine grüne ErbsenSuppe.

Es wird ein Stücklein Rind- oder Kalbfleisch, oder auch die Beiner davon, mit
Wurzelwerk langsam gedämpft, so daß es
nicht gelb wird; alsdann wird von einem
oder zwei Wecken die Rinde abgeschnitten,
das Innere davon in das Gedämpfte geschnitten und mit guter Fleischbrühe aufgefüllt, welches man noch eine Zeitlang kochen läßt; hierauf wird ein paar Hand voll
Spinat sauber gewaschen, im Mörsel gestosen, und der Saft davon ausgepreßt,
alsdann wird obige Fleischbrühe durch den
Suppenseiher oder besser durch das Haarsieb
getrieben, und von dem grünen Saft so viel
daran gegossen, bis es eine grüne Farbe hat;
auch thut man ein wenig Salz und Muskatenblüthe nach Gutdünken hinzu. Hierauf
wird von ohngefähr 4. Löffeln voll Mehl,
ein Paar Eyern und Milch ein Taig gemacht,
wie ein dicker FlädlensTaig, auch etwas
Salz darein gethan, davon werden ein
Paar Löffel voll Taig in einen Suppenseiher oder Schaumlöffel, der etwas grose
Löcher

Löcher hat, gethan, von diesem läßt man
Tropfenweis in siedend Schmalz tropfen,
und wenn es schön gelb gebachen ist, wird
es mit einem andern Schaumlöffel ausge-
hoben, und sodann fortgemacht, bis man
hinlänglich solche gebackene Erbsen hat, wor-
über die grüne Sos angerichtet wird. Dabey ist zu beobachten, daß der Taig weder
zu dünne noch zu dick gemacht werde; daß
er eben just tropfenweis durchfalle; und so
oft man wieder frischen Taig in den Schaumlöffel oder Suppenseiher thut, muß er immer unten abgestrichen werden, daß es wieder gut lauffen kann.

Eine eingeloffene Suppe.

Dabey wird auf die nämliche Art ein
Taig gemacht, nur ist es gut, wenn man
ein wenig süssen Rohm dazu nimmt, und
läßt es auf die nämliche Weise, statt in das
Schmalz, in eine gute Fleischbrühe lauffen.
Wenn man viel macht, muß man davon eine
Portion heraus thun oder aber einen grosen
Casserol oder Stollkachel nehmen, damit
die Fleischbrühe klar bleibe: Man kann auch
gelbe Rüben und Selleri ganz klein langlecht
gewürfelt schneiden, solche in einem Kächelein Fleischbrühe waich sieden, und in die
Suppen zum Anrichten nehmen, auch etwas
klein

klein geschnittenen Peterling und Schnittlauch darein thun, und sodann anrichten.

Eine braune oder weiße EyerSuppe.

Es wird eine gute, wie schon im ersten
Theil angegeben wurde, braune klare Brühe,
oder sogenannte Jus gemacht, alsdann werden 5 - 6 Eyer verkleppert mit ohngefehr 4 - 5
Eßlöffeln voll süssem Rohm; wenn man aber
damit nicht versehen ist, kann man auch so
viel gute Milch nehmen, mit etwas Salz
und ein wenig Muskatennuß, und ein paar
Schöpflöffel voll von dieser braunen Jus;
hierauf wird ein etwas tiefer Casserol oder
dergleichen irrden Geschirr mit Butter geschmiert, im Backofen oder mit Kohlen unten und oben aufgezogen, bis es wie ein
vestes Zinnmuß ist; sodann wird es mit dem
Löffel zu ganz kleinen Stücken ohngefehr
wie Erbsen gestosen, (NB. rund sind sie
nicht zu machen, sondern nur ohngefehr von
der ErbsenGröse) in die Schüssel gethan,
und die klare Jus darüber angerichtet; will
man, daß obig Aufgezogenes nicht braun
seyn soll, so wird an die Eyer, statt der
braunen Brühe, eben so viel Milch genommen, etwas Schnittlauch darein gethan, und
wie obiges behandelt.

Eine

Eine braune ZwiebelSuppe.

Es werden etliche Zwiebel abgeschält und
halbiert, alsdann werden die halben Zwiebeln in der Mitte wieder von einander geschnitten, ferner werden sie über die Quere
zu dünnen Schnittlein geschnitten, ein Stück
Butter in einen Casserol oder Stollkachel
gethan, die Zwiebeln langsam darinn verdämpft, bis sie schön gelb sind; sodann wird
ein guter Löffel voll Mehl darauf herumge-
streuet, noch mitgedämpft, bis es auch gelb
ist; wenn man ein Stücklein übrigen Schunken hat, kann man es dazu thun, solchen
aber vor dem Anrichten wieder heraus nehmen, dann wird gute Fleischbrühe daran geschüttet, wenn Wurzelwerk in der Fleischbrühe gesotten worden, ist es besser. Wenn
es an einander gesotten, wird es über gebähete Wecken angerichtet, man kann die
Zwiebeln darinn lassen, und durch ein Haarsieb anrichten. Diese Brühe kann man auch
benutzen zu Ragout, Braten und dergl.

Eine verkochte WeckenSuppe.

Man nimmt ein paar Wecken, schneidet die Rinde davon ganz hinweg, schneidet
das Weisse davon zu Schnittlen, legt ein
Stück Butter daran, gießt Fleischbrühe daran, läßt es wohl an einander verkochen,
bis

bis man es verrühren kann, macht es mit
Fleischbrühe ganz dünne, verkleppert ein paar
Eyergelb vor dem Anrichten, und rührt es
damit an.

Eine WildprettSuppe.

Wenn man von gebratenem Wildprett
Beiner hat, besonders von einem Ziemer,
welches noch gar nicht, oder gar nicht viel
gebaizt ist, wird solches zu Stücklein verhauen,
und im Mörser zerstosen, alsdann wird ein
Stücklein Butter in einen Casserol oder
Stollhafen gethan, nebst einem Zwiebel und
etwas Wurzelwerk, und ein paar Stücklein
Wecken im Schmalz gelb gebacken. Dieses alles wird ein wenig abgedämpft, mit
Fleischbrühe aufgefüllt und wohl gekocht,
durch das Haarsieb oder Tuch getrieben,
die Fette davon abgehoben, alsdann über
den geschnittenen Wecken oder Milchbrod-
Schnitten, die im Schmalz gebacken sind,
angerichtet.

FleckleinsSuppe.

Es wird, wie gewöhnlich, ein Stru-
delntaig gemacht; wenn man mehr Eyergelb
nimmt, ist es besser, solches wird ganz
dünne ausgewellt, und mit einem Küchleins-
Rädlein, entweder langlecht, oder wie ein
Sechskreuzerstück geschnitten; hierauf wird
etwas

etwas Selleri und gelbe Rüben zu ganz klei=
nen langlechten Stücklein geschnitten, welche
in der Fleischbrühe waich gesotten werden,
die Fleischbrühe wird nebst den Wurzeln in
ein gröseres Geschirr gethan, nebst der noch
nöthigen Fleischbrühe, solches läßt man mit
einem Stücklein Butter und etwas Muskat=
nuß ein wenig sieden, und dann werden so viel
Flecklein als nöthig darein gerührt; wann
sie ungefähr eine Viertelstunde gekocht, wird
ein oder zwey Eyergelb, nebst ein paar Löffel
voll süssen Rohm verkleppert, und vor dem
Anrichten darein gerührt, aber so daß es
nicht kraus werde; sollten die Flecklein sehr
mehligt seyn, so müssen sie ein wenig abge=
flößt werden; kann man sie mit wenig Mehl
auswellen, ist es auch besser.

Eine gebackene ErbsenSuppe.

Die gebackene Erbsen werden auf die
nämliche Art, wie die obige grüne Erbsen
gemacht, nur wird die Brühe daran, wie
folgt, gemacht: es werden nämlich, wann
die Brühe siedet, 3 bis 4. Eyergelb mit ein
wenig süssen Rohm verkleppert, die Brühe da=
mit abgezogen, und über die gebackene Erb=
sen angerichtet.

Eine grüne NudelnSuppe.

Auf die nämliche Art, wie zu einer grü=
nen ErbsenSuppe, wird eine Brühe gekocht,

nur

nur darf kein Wecken hinein kommen,
sondern Spinatsaft; alsdann wird ein
feiner Nudlenstaig gemacht, und in den
Taig auch Spinatsaft genommen, wann
er ausgewellt ist, werden etwas breite Nudeln, oder auch viereckigte Plätzlein mit
dem KüchlensRädlein geschnitten, man
kann auch eine feine Weckenfülle machen, in
den Nudlenstaig einer welschen Nuß grose
Kräpflein füllen, und mit dem Küchlens-
Rädlein ausschneiden, diese siedet man besonders, und wenn die Nudeln gesotten, werden sie dazu angerichtet.

Etwas Aufgezogenes in eine Suppe.

Es wird etwas Kalbsbraten klein gehackt,
eine Hand voll Mandeln abgezogen und
groblecht gestosen; wenn sie abgezogen sind,
ein Stück Weckenbrosamen in Milch eingewaicht, ein Stück Butter nach Proportion
der Masse mit Eyergelb wohl gerührt; das
Fleisch nebst den Weckenbrosamen darein gerührt, mit dem Weissen von den Eyern,
welche zuvor zu Schnee geschlagen worden.
Hierauf werden 1 oder 2 Blech wie zu Jä-
gerschnitten mit Butter geschmiert, entweder im Backofen oder auf den Kohlen schön
gelb gebacken, und zu Schnitten geschnitten;
so kann man sie in eine braune oder andere
Brühe thun.

Eine

Eine Art Knöpflein in eine Suppe.

Es werden 3 Eyer mit eben so viel Löffel voll sauren Rohn verrührt; alsdann wird in einem Pfännlein Fleischbrühe siedend gemacht, und das gerührte darein gegossen; solches wird mit einem Löffel immer auf eine Seite geleitet, daß so viel als möglich ein Stück zusammen kommt; hierauf wird es Löffelvollweis auf die Suppe gelegt. Man kann es auch von lauter Eyergelb oder Eyerweis machen.

Eine MilchSuppe.

Es wird Milch nach Belieben mit ein wenig Citronenscheiben, und Zucker und Zimmet gesotten, alsdann werden 2 bis 3 Eyergelb verkleppert, und damit abgezogen; hierauf über gebähet Milchbrod angerichtet, das Weisse von den Eyern zu dickem Schaum geschlagen, ein Blech mit Butter oder Wachs bestrichen, der Schnee so groß, als ungefähr die Schüssel seyn mag, darauf gesetzt, Zucker darauf gestreut, sodann wird solches in einem Backofen oder Tortenpfanne abgetrocknet, und wenn es herabgenommen, auf die Suppe gesetzt.

BrockelErbsenSuppe.

Die BrockelErbsen werden gekocht und verdämpft wie sonst, und wenn sie recht

waich sind, durchgetrieben mit guter Fleischbrühe; wanns noch ein paarmal aufgekocht
hat, wird es mit ein paar Eyerdottern und
einem Löffel voll süßen Rohn abgezogen, und
über geröstet Brod angerichtet; man kann
auch von den gedämpften Erbsen herausneh-
men, und sie ganz in die Suppe thun.

Eine Farce in Suppen zu gebrauchen.

Man nimmt dazu recht gutes Kalbfleisch
von einem Schlegel; wenn alles Zähe hinweg ist, wird es zu viereckigten Stücklein
geschnitten, und mit Nierenfett und Ochsenmark recht fein gehackt; alsdann nimmt
man 2 Kreuzerwecken, wovon der eine gerieben, und der andere in gute Milch eingewaicht wird, ferner 4 Eyer und Salz, ein
wenig geschnittene Citronen und Muskat-
nuß; dieses alles wird zu dem gehackten
Fleisch gethan und noch so lange gehackt,
bis es wie ein Taig ist, besonders muß man
zusehen, ob zuletzt der Taig auch noch recht
steif ist, wo nicht, so muß man noch ein
paar Eyer und süßen Rohn darein rühren,
es muß aber so lange gehackt werden, bis
es ganz zähe wird, sonst hält es sich nicht
zusammen. Man kann von der Farce so viel
machen, als man ohngefähr braucht, und
hievon macht man alsdann runde und langlechte kleine Fleischklümpchen, welche man
Fri-

Fricandellen nennt, auch kann man davon
grose langlechte Stücke, wie eine Wurst,
ausrollen, in der Suppe kochen, wenn man
anrichtet, solche in Scheiben schneiden, und
in die Suppe legen, man muß aber diese
Rollen mit fein geriebenem Brod und ein wenig Mehl zusammen rollen, damit es nicht
von einander koche. Man kann diese Farce
in einen grosen Klumpen machen, als ein
langlechtes Brod formiren, auch oben mit
einem warmen Messer schön glatt machen.
Hierauf werden ein paar Scheiben Speck
in die Tortenpfanne gelegt, die Farce darauf gelegt, und also oben und unten mit
Feuer gebacken; so kann man es bey dem
Anrichten in eine Suppe legen; so kann man
auch von dieser Farce zu kleinen Pastetlein
gebrauchen, man macht sie aber mit etwas
süsen Rohn dünner.

Die nämliche Farce kann man auch zum
Farcesiren gebrauchen, oder zum Füllen, nur
daß weniger gerieben, und mehr eingewaich-
tes Brod genommen, und statt der rohen Eyer
etliche mit Butter gerührt, auch etwas Peterling und Zwiebel dazu genommen wird.
So kann man auch ein langlechtes Brod
formiren, in einer Tortenpfanne backen,
und in eine Suppe legen, welches auch recht
schön ist.

Eine

Eine Suppe von Brod.

Man nimmt gut Beckenbrod, wovon das Innere weggelassen wird, daß es mehr Rinden hat, dörrt es im Backofen oder auf dem Ofen, daß es hart und etwas gelb ist, stoßt es im Mörsel nur groblecht, daß die gröste Stücklein einer Erbsen groß sind, läßt durch einen engen Suppenseiher das ganz kleine davon gehen, säet das gröbere in eine gute Fleischbrühe, worinn etwas klein geschnittenes Wurzelwerk gesotten worden; läßt sie eine Weile aufkochen: so kann man sie entweder so, oder über etwas anrichten, z. E. über Eyer, wie schon mehrmalen vorgekommen, die in einem Geschirr im Wasser zusammen gerinnt, oder über ganz klein gebachene Knöpflein. Nur muß man Achtung geben, daß die Suppe nicht dick sey.

Eine ErdbirenSuppe.

Es werden Grundbiren geschält, und zu Scheiben geschnitten, in einem Stücklein Butter mit Wurzeln, einem Zwiebel, und wenns beliebt, einem Stücklein Schunken verdämpft, aber nicht braun, und dann mit Fleischbrühe aufgefüllt; wann es wohl mit einander gesotten, wird ein ganzer Wecken, oder nur das Innere davon hineingeschnitten,

sol‹

solches läßt man wieder wohl sieden und
treibt es durch das Haarsieb; wenn es wieder siedet und im Salz recht ist, kann mans
so über gebähet Brod oder im Schmalz gebacken Brod anrichten; wenn mans besser
machen will, ziehet man die Brühe mit ein
paar Eyergelb und etwas süsem Rohn ab.

BierSuppen oder warmes Bier.

Eine halbe Maas Bier wird mit einem
Stücklein Zucker Candel und einem Stücklein Butter in einem Pfännlein siedend gemacht, hierauf werden 4 bis 5 Eyergelb
und kaum ein halb Löffelein voll Mehl mit
einem süssen Rohn angerührt, mit dem Bier
aufgefüllt, und noch einmal in die Pfanne gethan, das man unter starkem Rühren anziehen
läßt. Ist es nicht süß genug, wird mehr
Zucker daran gethan; Dieses Bier kann
man alsdann in Schalen aufstellen, und mit
einem ChokoladeStecken rühren, oder über
gebähete Weckenstücke als Suppe anrichten.

WeinSuppe mit Mandeln.

Nimm ¼. Pfund Mandeln, ziehe die
Schelfen herab, stose sie mit frischem Was-
ser klein, daß sie nicht ölicht werden, treibe
sie mit Wein durch ein Haarsieblein, thue
Zucker, ein wenig Safran, ein Stücklein
Butter daran, laß es aufsieden, kleppere

B 4 ein

ein paar Eyerdotter daran, rühre es immer
zu und richte es über gebähetes Brod an.

Schnitten in eine Suppe.

Da im Kochen öfters Eyerweiß übrig
ist, ist solches zu folgenden Schnitten anzubringen: es wird von einem altgebackenen
Milchbrod die Rinde abgerieben, dann wird
an das weißgeriebene Milchbrod ein Stücklein Butter wie ein Ey zerlassen, und vollends mit einem dicken süssen Rohn angefeuchtet, daß es ganz feucht ist; ferner werden 5 bis 6 Eyerweiß zu einem dicken Schnee
geschlagen, und nebst Salz etwas Muskatennuß daran gerührt; hierauf wird eine Kapsel,
worinn man sonst die Anisbrode zu machen pflegt, mit Butter geschmiert und im
Backofen oder Tortenpfanne aufgezogen.
Wenn es erkaltet und zu Schnitten geschnitten ist, so ist es in jede Suppe zu gebrauchen.

Eine braune Brühe oder Jus

wird gemacht, wie schon im ersten Theile beschrieben worden, nur daß es gut ist,
wenn man in den Casserol Butter thut, und
das Rind- oder Kalbfleisch scheibenweis
schneidet, es an einander legt, oben darauf
die Wurzeln, Zwiebeln und etwas Kräuter
darzu thut, wie schon bewußt ist: dieses läßt
man

man langſam dämpfen, und deckt es wohl zu,
es darf aber weder umgerührt noch umgeſchüt-
telt ſeyn. Wenn es unten recht ſchön braun und
hochgelb gedämpft iſt, wird es mit ein wenig
friſchem Waſſer und ein wenig Fleiſchbrühe aufgefüllt, noch eine kleine Viertelſtunde gekocht
und dann abgegoſſen: ſo iſt ſie fertig.

Reißſuppe mit Wein.

Das Reiß wird mit Waſſer waich gekocht, daß es ein wenig dick wird, alsdann
gießt man Wein daran, und thut klein geriebene Citronen, ein Stücklein Butter, Zucker,
etwas Zimmet und etwas Salz hinzu, läßt es
noch kochen und rührt es zuletzt mit ein paar
Eyerdottern ab.

Eine Brockelerbſenſuppe von den Schelfen (Hülſen).

Die Brockelerbſen werden geleſen wie
die rechte Schäfen (Zuckererbſen), dann werden ſie zum Gebrauch heraus genommen,
wie man will, und die Schelfen werden
ſauber gewaſchen; hierauf wird ein Stück
Butter in eine Stollkachel gethan, wann
ſolcher ein wenig zerſchmolzen, werden ein
paar Stücklein grüner Speck in die Kachel
gelegt, nebſt ein paar Schnitten von Wek-
ken, alsdann die Brockelerbſenſchelfen nebſt
etwas geſchnittenem Selleri, gelben Rüben,

B 5　　　　　Peter-

Peterlingwurzel: dieses alles wird wohl zugedeckt, und langsam an einander gedämpft;
wenn man glaubt, daß es zu viel eingekocht
und unten gelb werden möchte, gießt man
noch ein wenig Fleischbrühe daran; wenn
sie bald waich sind, werden sie mit guter
Fleischbrühe aufgefüllt, und so lang an einander gekocht, bis alles recht waich ist; es
werden auch etliche Mandeln gestosen und
darzu gethan. Hierauf wird es zuerst durch
den Suppenseiher getrieben, hernach erst
durch das Haarsieb passirt, dann wird es
wieder auf das Feuer gesetzt, etwas Muskatennuß darunter gethan, noch ein wenig aufgekocht, und über dünn geschnittenes Milchbrod angerichtet; oder man kann einem
Wecken die Rinde abschälen, das Innere
zu dünnen Schnittlein schneiden, mit siedender Milch anbrühen, und sogleich wieder
abgießen, alsdann wird ein Stücklein Butter
von ohngefähr 3 - 4 Loth mit 2 - 3 Eyern, sodann der Wecken darein gerührt, auch ziemlich Schnittlauch, Salz und etwas Muskatennuß, ferner eine AnisbrodKapsel mit Butter geschmiert, darein gegossen, im Backofen aufgezogen, zu Schnitten geschnitten und
darüber angerichtet. Dieses kann man auch
in andere Suppen gebrauchen.

Ge-

Gebackene Knöpflein in eine Suppe.

Mache einen gebrüheten Taig, mache ihn mit Eyern nicht gar zu dünne, mache lange Wärgel auf dem Nudelnbrett, schneide Stücklein ab, und wärgle sie in der Hand wie Pfeffernüßlein, und bache sie im Schmalz, man kann auch Grünes darein dämpfen.

Sos zu Rindfleisch.

Es wird eine Sos gemacht, wie zu einer SardellenSos, nur daß statt der Sardellen eine Handvoll SalzKukumern, viereckigt etwas gröser als Kappern geschnitten, und darein gethan wird; oder es werden kleine SalzKukumern rädleinweis geschnitten, entweder zu dem Fleisch gegeben, oder über das Fleisch angerichtet, besonders wenn das Fleisch eine Cruste hat; man kann aber auch die Sos in eine Kachel thun, und das Fleisch ein wenig kochen lassen, daß es gelblicht wird.

ErdbirenSos.

Es wird ein Löffel voll Mehl in ein Stück Butter gemengt, mit Fleischbrühe angerichtet, bis es nimmer dick ist; hierauf werden Erdbiren, die nicht gar groß sind, zu Schnitzlein geschnitten, oder ganz kleine runde

runde Erdbirlein davon gemacht, solche läßt
man in der Butterbrühe waich sieden, nebst
etwas Muskatenblüthe und klein geschnittenem Peterling. Vor dem Anrichten wird
die Sos mit 1. oder 2. Eyerdottern abgezogen; wenn man will, kann man auch geschnittenen Zellerich (Selleri) unter die Erdbiren kochen, und über das Fleisch anrichten.

Gemü:

Gemüser.

Ein Apfelmus.

Wenn die Aepfel geschält, und zu Schnitz/
lein, die ohngefähr 2. Messerrucken dick sind,
gemacht worden sind, werden sie ohngefähr
3mal überzwerch von einander geschnitten;
diese werden mit ein wenig Wasser oder so
viel vom Waschen daran bleibt, ferner mit
Zucker, Zimmet, und etwas geschnittenen
Citronen an einander verdämpft und manch/
mal umgeschüttelt, so daß sie so viel möglich
ganz bleiben. Wann sie dann eingekocht
sind, daß sie keine Sos mehr haben, und
waich sind, werden sie zurückgesetzt, bis sie
erkalten; alsdann wird ein Kreuzerwecken
zu Schnittlein geschnitten, und Milch daran
geschüttet, ein guter halber Vierling Butter
wird mit ohngefähr 5. Eyerdottern gerührt,
worzu noch eine kleine Hand voll geschält/
und gestosener Mandeln auch etwas Zucker
und Zimmet nach Gutdünken kommt. Hier/
auf wird die Milch von dem Wecken abge/
gossen, und mit einem Löffel abgedruckt,
sodann in den Butter gerührt, nebst dem
Eyerweis, welches zu Schaum geschlagen
wird;

wird; endlich werden die Aepfel ſo leicht als
möglich darein gerührt, ein Geſchirr mit
Butter geſchmiert, und mit Kohlen oder im
Backofen aufgezogen.

Ein KirſchenMus.

Die Kirſchen werden gezopft, und dann
wird ein Taig angemacht; man nimmt 5.
Löffel voll Mehl, rührt ſolches mit Milch
an, wie einen dünnen Spätzleinstaig, ver-
läßt ein Stücklein Butter darein, wie ein
Ey, ſchlägt 4. Eyer daran, und Zucker nach
Gutdünken; der Taig muß eben etwas dikker ſeyn, als ein Flädleinſtaig, man thut
die Kirſchen darein, ohngefähr ein Pfund
oder etwas mehr, macht Schmalz ſiedend
in eine Schüſſel oder Becken, thut es darein, und ziehet es mit Kohlen auf, wie be-
kannt iſt; man kann auch Zimmet und etwas JohannisBeerlein darein thun, welches
auch gut iſt.

Ein Omelett mit Creme gefüllt.

Es wird ein guter Omelett mit wenig
fein Mehl, etwas Zucker und Eyern, auch
guter ſüßer Milch nicht gar zu dick, in der
Gröſe nach Belieben, gebacken. Wenn er
ohngefähr etwas gröſer iſt als ein Teller, ſo
wird eine oder zwey Citronen auf dem Zukker abgerieben, ſehr wenig feines Mehl
nebſt

nebſt 4 - 5 Eyergelb mit guter ſüſſer Milch
angerührt, und in der Dicke wie ein KindleinsBrey gekocht, ſodann das Weiſſe zum
Schnee geſchlagen, und etwas mehr als die
Hälfte darein gerührt, ſogleich vom Feuer
weggethan; und wenn der Omelett auf der
gehörigen Schüſſel liegt, wird der Crem
darauf gegoſſen, und mit einem nämlichen
Omelett zugedeckt, alsdann wird der Omelett oben mit Zucker beſtreut, und mit einem
glühenden Eiſen oder Schaufel gebrennt.
Die Omelette müſſen zuvor gleich rund oder
oval geſchnitten werden, man kann auch
von einer Citrone den Saft in das Creme
rühren, ehe man das Weiſſe hinein thut.

Creme oder Auflauf mit EyerSchaum, welches auch warm aufgeſtellt werden kann.

Es wird ohngefähr 1½ Schoppen gute
Milch in einer meßingenen Pfanne oder Caſſerol auf das Feuer geſetzt, indeſſen werden
2 Citronen oder Pomeranzen auf dem Zukker abgerieben, dieſer Zucker wird mit einem
Eßlöffel voll Mehl und 5 oder 6 Eyergelb
angerührt, alsdann vollends mit etwas
Milch noch mehr verdünnet, indeſſen wird
der Saft von den Citronen ausgedruckt und
parat gehalten; wann die Milch ſiedet, wird
die Maſſe darein gerührt, die man unter be-
ſtän-

ftändigem Umrühren ein wenig kochen läßt;
hierauf wird es vom Feuer abgefetzt und der
Citronenfaft darein gerührt, auch fogleich
auf die Platte gegoffen, worauf man es
auf die Tafel bringt, welches am beften
in Porcellan aber nicht Fajance feyn kann.
Ift es aber von Pomeranzen, fo wird die
weiffe Schelfe von Pomeranzen ganz abge-
fchnitten, und folche zu Rädlein gefchnitten,
die Kerne heraus gethan; alsdann wird die
Platte mit den Rädlein belegt, und das
Crem darauf gegoffen; ferner wird das
Weiffe zu einem dicken Schnee gefchlagen,
worunter auch zuletzt eine Hand voll Zucker
dazu genommen wird, der Schnee wird auf
dem Crem herum gegoffen, und mit einem
Meffer gleich und glatt gemacht. So wird
eine Hand voll Mandeln gefchält, und gröb-
licht geftofen, und mit geriebenem Zucker vermengt; wann der Schnee etwas mit Zucker
befäet ift, werden die Mandeln darauf ge-
ftreut, und noch einmal mit etwas Zucker
überftreuet, alsdann wird die Platte auf etwas warme Afche gefetzt, daß das Crem
nicht kalt wird, und auf die Platte neben
herum ein etwas hoher blecherner Ring, darauf ein Aufzugdeckel mit etwas Kohlen ge-
ftellt wird, oder es muß in eine Tortenpfanne
gefetzt werden, daß es oben langfam aufgezogen wird, und eine fchöne gelbe Crufte bekommt.

kommt. Sollte das Crem zu dick seyn, kann
noch Milch im Kochen darzu genommen werden.

Leber Knöpflein.

Es wird ohngefähr von 2 Kreuzerweck-
ken, wie zu einer Suppe, nur nicht gar so
dünn, eingeschnitten, und eine Leber von einem Kalb gehackt, mit einem Stücklein
Speck; hierauf wird ein klein geschnitten
Zwiebelein, auch grüne Zwiebeln und Peterling in ein wenig Butter gedämpft; dieses
alles wird nebst 3 bis 4 Eyern unter den
Wecken gerührt, und etwas Pfeffer und
Salz, auch wenn man will, Majoran darzu
gethan. Wenn der Taig eine Viertelstunde
gestanden, werden sie im Wasser gesotten:
wenn sie halten, ist es gut, wenn sie aber
nicht recht halten, kann man ein wenig Mehl
daran rühren.

Gefüllte Erdbiren.

Es wird eine Farce oder Fülle von Fleisch,
wie man will und öfters vorkommt, gemacht,
alsdann werden runde grose Erdbiren, in
gleicher Gröse ausgelesen, geschält, und
schön rund gemacht und unten etwas abgeschnitten, daß es einen Boden hat; hierauf
wird ein Deckel oben davon geschnitten, und
die Erdbiren ausgehölt, solche werden mit

C   der

der Fülle ausgefüllt, und der Deckel wieder
darauf geſetzt; alsdann wird in einer flachen
Kachel Butter warm gemacht, die Erdbiren darein verdämpft, ſie müſſen aber oben
auch mit Butter beſtrichen und wohl zugedeckt werden; wann ſie ein wenig gedämpft,
wird gute Fleiſchbrühe daran gegoſſen, und
jene vollends waich darinn geſotten; hierauf
wird ein Buttermehl daran gemacht, und
angerichtet. Man kann ſie auch in einer
Krebsſos machen, und eine Krebsfülle darein thun, und allezeit einen Krebsſchwanz
auf den Deckel oben thun. Bey dem Dämpfen müſſen ſie etwas geſalzen werden, weil
ſie kräftiger ſind.

Knollenwürſtlein zu einem Faſten- gemüß.

Es werden ſaure Knollen mit Eyern und
etwas Salz angerührt, etwas Mehl auf ein
Brett geſtreuet, und ein Löffel voll darauf
gethan, und ein Wärgelen davon gemacht,
drey Finger dick und einen Finger lang, ſolches wird im Mehl wohl umgekehrt und im
Schmalz gebacken.

Ein Pudding unter ein Gemüß von Scorzoneren oder Carviol.

Ein Vierling Butter wird gerührt, mit
5 oder 6 Eyern, ferner wird ein Vierling
Mehl

Mehl darein gerührt; will man es als ein
Pudding geben, ſo wird noch etwas Mutſchelnmehl auch Salz darein gethan; alsdann wird ein Tuch mit etwas Butter beſtrichen, und die Maſſe darein gethan, veſt
zuſammen gebunden, und im Waſſer ohngefähr eine gute Stunde geſotten; will man
es aber nur aufziehen, und in eine Suppe
zu Schnitten ſchneiden, ſo wird ein wenig
ſüſſer Rohn daran gethan, ein Geſchirr mit
Butter geſchmiert, und darinn aufgezogen.

Ein geſottener und geſchmälzter Knopf.

Es werden 2. Kreuzerwecken gewürfelt
geſchnitten und kalte Milch daran gegoſſen,
wenn ſie waich ſind, werden ſie locker ausgedruckt, alsdann mit 5 Eyern angerührt und
Salz nach Gutdünken darzu gethan, hierauf in ein Tuch gebunden und im Waſſer
geſotten; wann es eine Stunde geſotten,
wird er fertig ſeyn; dann wird er heraus
gethan und mit Butter geſchmälzt. Es iſt
gut, wenn man in einem Stücklein Butter
Schnittlauch und Peterling dämpft und darzu thut, man kann auch ein Ey weiter. nehmen; das Eyerweiß wird zu Schnee geſchlagen.

Eyer

Eyer zu backen auf ein Gemüß, daß ſie in der Form bleiben.

Wenn man flache Paſtetenförmlein hat, ſo werden ſie auf einen Roſt geſtellt und Kohlen darunter gelegt; alsdann wird in ein jedes etwas ſiedend Schmalz gethan und das Ey darein geſchlagen; beſſer iſt es aber, wenn man die Förmlein in eine eiſerne Pfanne oder Becken ſtellt, und oben einen Deckel mit Kohlen darauf ſetzt, ſo ſind ſie geſchwind fertig; man muß aber recht acht geben, daß ſie nicht zu hart werden; wenn das Weiſſe fertig iſt, werden ſie mit dem Meſſer heraus genommen, und auf das Gemüß gelegt.

KrebsEuter.

Es werden einige Krebſe ſauber gewaſchen und ihnen lebendig vornen die Schnauppen weggehauen wegen der Galle; alsdann werden ſie klein geſtoſen und ausgepreßt, unter den Saft werden etliche Eyer und gute ſüſſe Milch oder Rohn gethan, wie zu einem Zinnmüßlein, auch etwas Salz und Muſkatenblüthe darunter; hierauf wird ein etwas hohes Geſchirr mit Butter geſchmiert, die Maſſe darein gegoſſen, ſolches Geſchirr in eine Stollkachel mit Waſſer geſtellt, daß das Waſſer dem Geſchirr, worinnen das KrebsEuter iſt, gleich iſt, und oben zugedeckt

deckt. Man kann dieſe Maſſe auch in einem Pfännlein zuſammen gerinnen und in
ein Geſchirr thun, wo es ablauffen kann,
entweder in eine Suppe, oder um eine Soß
darüber zu machen. Das Waſſer in der
Stollkachel muß beſtändig fortſieden. Wann
das Krebscuter ganz geſtanden, bricht man
es mit einem Löffel heraus; man kann es
in eine jede Suppe oder Gemüß nehmen.

Lungenwürſtlein.

Die Lunge wird geſotten und mit einem
Stück Nierenfett klein gehackt; es wird ein
Zwiebelein klein geſchnitten und auch dazu
gethan, ferner 3 bis 4 Eyer und ohngefähr
ein Schoppen gute Milch, auch eine Hand
voll gerieben Milchbrod, etwas Salz und
ein wenig Pfeffer und Ingwer; dieſes wird
in Därme gefüllt, kleine Würſtlein davon
gemacht, und in halb Milch und Waſſer
geſotten, und im Butter gelb gemacht.
Man kann ſie ſo, oder zum Gemüß geben;
wenn man ein Stücklein Rindfleiſch hat, ſo
kann man es auch darzu hacken.

Zirnwürſte.

Es wird ein Stücklein Schweinenfleiſch
klein gehackt, und zuletzt ein Rindshirn darunter gethan; hierauf werden ein paar
Stücke waichgeſottene Schwarten, oder ſö-

C 3 ge-

genanntes Kesselfleisch von Schweinen klein
geschnitten, nebst ein wenig Speck; alsdann wird von der Brühe, worinnen die
Schwarten gesotten worden, nach Gutdünken dazu genommen, nebst Salz, Pfeffer,
Ingwer, ein Zwiebelein wird klein geschnitten, und nach Belieben mit ein wenig Majoran; hierauf werden sie in Därme gefüllt,
und auch verwellt; so kann man sie kalt oder
warm essen.

Sommerkohl zu kochen.

Es werden 3 bis 4 Köhl von gleicher
Gröse ausgesucht, sauber ausgeputzt, und
in der Mitte von einander geschnitten, und
samt den Dorschen in einem Salzwasser ab-
gebrühet, doch nicht gar zu waich; dann
werden sie herausgenommen, in eine flache
Kachel oder Schüssel gesetzt, und mit Fleischbrühe vollends durchgekocht. Hierauf schneidet man den Dorschen heraus, doch so, daß
sie ganz bleiben, setzet sie auf die Platten,
wo sie aufgetragen werden, vest an einander, macht eine gute Butterbrühe, giesset
so viel darüber, daß sie Fingerbreite Sos
haben, hebt sie aber auch mit dem Messer,
auf, daß Sos darunter kommen kann; alsdann bestreicht man sie mit Butter, bestreuet sie mit geriebenem Milchbrod oder
Wecken, welches mit etwas Salz vermischt
ist,

ift, nimmt einen Löffel, begießt es noch ein
wenig mit Fette von der Fleischbrühe und
Butter, fest es auf eine Kohle, und be=
deckt es oben mit einem Deckel mit Kohlen,
daß es schön gelb werde; man muß einen
blechenen Ring um die Platte thun, daß
der Deckel nicht zu nahe hinkomme. End=
lich gibt man es auf den Tisch mit Brat=
würsten oder mit was man will, und fest
die übrige Butterbrühe in einem besondern
Geschirr auf.

Grundbiren zu kochen.

Die Grundbiren werden ungesotten ge=
schält und zu Schnitz geschnitten, mit et=
was klein geschnittenen Zwiebeln, solche wer=
den in einer Kachel in einem Butter ver=
dämpft, nebst etwas Peterling, alsdann
werden die Schnitze darzu gethan, und noch
ein wenig abgedämpft, etwas Mehl darzu,
und mit Fleischbrühe aufgefüllt; man kann
etwas Häring darzu schneiden, oder ein
Stücklein Schunken darzu thun, auch et=
was Pfeffer, man kann auch etwas Selleri
darzu nehmen.

Eine andere Art.

Man schneidet etwas Selleri und gelbe
Rüben, auch Peterlingswurzel langlecht,
siedet solche in guter Fleischbrühe; wann sie
C 4   waich

waich gesotten sind, werden geschälte Grund-
birenschnitze ungesotten darzu gethan, und
zugleich ein Buttermehl daran gemacht, nebst
etwas klein geschnittenem Peterling; dieses
läßt man wohl an einander kochen, bis die
Grundbiren waich sind, aber nicht zu viel.
Man kann auch mit den Wurzeln ein Stück
Kalbfleisch in der Brühe sieden, und darunter geben, auch statt der Schnitze kleine
Grundbiren schälen und solche rund lassen,
etwas Pfeffer, Salz und Muskatennuß daran thun und dann anrichten.

Weiß Kraut oder Sommerkohl zu kochen.

Dieses wird zu Stücklein geschnitten, und
etwas gelblicht im Butter verdämpft, mit einem
Zwiebel und wenn man will, mit einem Stücklein Schunken; es wird ein wenig Mehl daran
gethan und ein saurer Rohn, Salz, und,
wenn man hat, ein wenig gute braune Jus;
hierauf wird es in einem tiefen Casserol oder
Schüssel noch mehr zusammen gedämpft,
und dann auf eine Platte umgestürzt, daß
es ganz bleibe, mit geriebenem Milchbrod
bestreuet, und mit Butter geträufelt; ferner
mit einem Deckel mit Kohlen oben gelb gemacht. Man muß unten zuvor in das Geschirr, worinn man es verdämpft, etwas
Butter thun, man kann auch Castanien
ab-

abſieden, ſo daß ſie ganz bleiben, unten den
Boden damit bedecken, wo man das Kraut
dämpft, und dann auch umſtürzen, daß die
Caſtanien oben liegen; wenn die Caſtanien
zuvor in ein wenig braun Bier und etwas
Zucker gekocht werden, bis ſie gelb und etwas glänzend ſind, ſo iſt es auch gut.

Ein ſüß Kraut mit ſüſſem Rohn.

Es wird ein groſes Haupt geſotten, die
Blätter werden, wenn ſie waich ſind, nach
und nach abgethan, (doch darfen ſie nicht
gar zu waich ſeyn, ſondern die Blätter müſſen ganz bleiben,) und die Rippen abgeſchnitten; ferner wird ein Stücklein Butter, ohngefähr ein guter halber Vierling oder etwas
mehr, in einem Pfännlein über das Feuer
gethan, und darein ein Zwiebel, ein Lorbeerblättlein und ein paar Stücklein Schunken oder ſchön geräuchert Fleiſch verdämpft;
hierauf wird ein guter Schoppen ſüſſer Rohn
daran gegoſſen, wenn es anfangt zu ſieden,
wird Mehl darein gerührt, daß es wie ein
ganz dünner Kindleinsbrey iſt; wann es ein
wenig aufgekocht, wird es durch das Haarſieb getrieben, und ein guter Löffelvoll von
dieſer Maſſe auf ein Blatt überſtrichen; alsdann wird das Blatt auf allen Seiten einer Handbreit zuſammengeſchlagen, daß es
drey Finger breit, und einen Finger lang

C 5 iſt;

ist; endlich wird eine Kachel mit Butter geschmiert, und das Kraut darein gesetzt, wohl
zugedeckt und gedämpft, aber wohl acht gegeben, daß es nicht gelb werde; man kann
auch ein wenig Fleischbrühe daran gießen,
daß es eine kurze Sos hat, und im Web-
Dämpfen weniger gelb wird; etwas Muskatenblüthe oder Nuß, auch etwas Pfeffer und
Salz, ist in der Fülle nicht zu vergessen.

Sauer Kraut mit Fischen.

Wenn das Säuerkraut waich gekocht
ist, wird es, wie gewöhnlich, eingeschmelzt,
nur darf es nicht zu viel Brühe haben; hierauf werden die Fische, Hecht oder Forellen,
ausgenommen und sauber gewaschen, und
in einem Salzwasser nur mit einem Wall
abgesotten, und Stückleinweis von den
Gräten abgelöset; ferner wird ein Stück
Butter warm gemacht, und ein Zwiebelein
darinn verdämpft, nebst einem Löffel voll
Mehl; alsdann wird ohngefähr ein halber
Schoppen saurer Rohn, und 3 bis 4 Eyerdotter darein gerührt, so man noch ein wenig über dem Feuer anziehen läßt; sodann
wird es von dem Feuer abgesetzt, und etliche Löffel voll davon an das Kraut gerührt,
ein Zinn mit Butter geschmiert, von dem
Kraut ein Geleg (Lage) darein gethan, und
Stücklein von den Fischen darauf herum gelegt,

legt, alsdann wieder Kraut und so fort, bis
die Platte voll ist. Endlich wird das übrige von dem Rohn und Eyern auf dem
Kraut herum gegossen, oben mit ein wenig
Weckenbrod bestreuet, und in der Tortenpfanne aufgezogen; es muß aber unten auch
Kohlen haben, daß das Kraut noch etwas
kochen kann.

Aufgezogener Mandelbrey.

Ein Vierling Mandeln wird abgeschält
und gestosen, und von einem Schoppen
Milch und Mutscheln oder sogenanntem
Semmelmehl ein Brey wie den Kindern gekocht; hierauf wird ein Vierling Butter
mit ohngefähr 5 Eyergelb und einem halben
Vierling Zucker wohl gerührt; wann der
Brey erkaltet ist, wird er auch darein gerührt, und das Weisse von den Eyern zum
Schnee geschlagen, und darein gerührt;
sollte es nicht süß genug seyn, wird ein wenig Zucker genommen; endlich wird ein
Zinn mit Butter geschmiert und jenes aufgezogen.

Ein Knopf von Erdbiren in Scorzo-
neren oder Carviol oder in eine But-
ter- oder Krebsfos zu machen.

Ein Vierling Butter wird mit 6 Eyern
gerührt, und ohngefähr 6 Löffel voll gesottene

tene und auf dem Riebeiſen geriebene Grundbiren, Salz und etwas Muſkatenblüthe
darein gerührt; wann es wohl gerührt worden, wird es in ein Tuch gebunden, und
im Waſſer geſotten; ſtatt der Erdbiren kann
man auch einen Vierling Mehl nehmen.

Carviol mit einem Krebsguß.

Wenn der Carviol wie gewöhnlich gekocht worden iſt, wird ein Krebsguß darauf gemacht, wie ſchon bemeldt, auf den
Spinat.

Ein aufgezogen Gemüß von Schunken.

Es werden von ohngefähr 2 Eyern und
1 Dotter Nudelnplätzlein gemacht, welche
viereckigt, ohngefähr in der Gröſe eines
Sechskreuzerſtücks, geſchnitten und in der
ſüſſen Milch gekocht werden, bis ſie dicklecht, doch nicht zu dick ſind; oder man
kann ſie im Waſſer ſieden und ablauffen laſſen; hierauf wird ein paar Handvoll Schunken zu dünnen Stücklein kleiner als die
Plätzlein geſchnitten, welche mit 6 Eyern
und einem Schoppen ſauren Rahm an die
Nudelnplätzlein gerührt werden; endlich
wird ein Blech mit Butter beſtrichen und
darinnen aufgezogen.

Eine

Eine andere Gattung von Wecken.

Man nimmt einen Kreuzerwecken, schneidet ihn ein, wie zu einer Suppe, brühet
ihn mit einem Schoppen siedender Milch
an; wenn es eine kleine Weile gestanden,
läßt man von der Milch, was gerne davon
lauft, ablauffen, verkleppert 4 Eyer, rührt
sie daran, nebst einer guten Handvoll klein
geschnittenen Schunken, läßt auch ein wenig Butter darein gehen, rührt es wohl
unter einander, schmiert das Geschirr mit
Butter und ziehet es auf; es kann auch das
Weisse von den Eyern zu Schnee geschlagen
werden.

Eine andere Gattung von Grießmehl.

Man kocht von 1½ Schoppen Milch einen Brey von Grießmehl, läßt ihn erkalten, rührt einen Vierling Butter mit 4
oder 5 Eyerdottern, rührt den Brey darein, schlägt von den Eyern das Weisse zu
Schnee, rührt es darunter mit noch ein
wenig Salz und Muskatennuß, auch ganz
klein geschnittenen Schunken, schmiert ein
Geschirr, worinn man es auf den Tisch
gibt, mit Butter, zieht es mit Kohlen oder
in dem Backofen auf.

Auflauf von Schunken.

Es wird ein Reiß, ohngefähr ein Vierling, in der Milch gekocht, wie ein Brey,
nur nicht gar zu veſt und nicht zu viel verrührt; hierauf wird ein Vierling Butter
mit ohngefähr 5 Eyerdottern gerührt, das
Reiß darzu gethan, das Weiſſe zum Schnee
geſchlagen, und darein gerührt, mit ein wenig Salz; endlich wird Schunken zu ganz
klein gewürfelten Stücklein, nur wie der
Reiß, geſchnitten, vom Reiß werden ein paar
Handvoll darein gerührt, ein Blech mit
Butter geſchmiert, und aufgezogen.

Auflauf von Wecken.

Von einem oder anderthalb Kreuzerwecken werden die Rinden abgeſchält, das
Innere zu Schnitten geſchnitten, und in der
Milch gekocht, bis es wie ein Brey iſt,
wann es erkaltet, wird ein Vierling Butter gerührt, mit 5 Eyergelb, dann wird der
Brey darein gerührt, nebſt Citronen und
Zimmet und Zucker nach Gutdünken; wann
es wohl gerührt worden, werden Roſinen
und Zibeben darein gethan, das Weiſſe zum
Schnee geſchlagen, und darein gerührt,
auch ein Blech mit Butter geſchmiert und
aufgezogen.

Waſſer-

Waſſerſpätzlen mit Grundbiren.

Es werden Grundbiren geſotten, geſchält und auf dem Riebeiſen gerieben, dann
ein paar gute Handvoll in eine Schüſſel gethan und Mehl nach Gutdünken, etwa
noch ſo viel, darzu genommen; dieſes wird
mit geringer Milch angemacht, wie ein dikker Spätzleinstaig, Schnittlauch oder Zwiebel darein geſchnitten, wer will, kann auch
ein Ey darzu nehmen; ferner wird es im
Waſſer geſotten und geſchmälzt, oder man
läßt es in einer Schüſſel mit einem Butter
aufkochen.

Fleiſchmuß.

Es werden anderthalb oder zween Kreuzerwecken eingeſchnitten wie zu einer Suppe,
und mit ſiedender Milch angebrühet, bis
der Wecken wohl feucht iſt; alsdann wird
kalter Braten gehackt nach Gutdünken; iſt
es von einem Nierenbraten, alſo fett, ſo
braucht es keinen Butter; iſt es aber mager
Fleiſch, ſo wird ein Stücklein Butter zu
dem Anbrühen der Wecken genommen;
wann der Wecken erkaltet, werden 4 bis 5
Eyergelb mit einem ſauren Rohn verrührt,
mit dem Braten an den Wecken gerührt;
das Weiſſe wird zum Schaum geſchlagen,
und darein gerührt, nebſt etwas Salz und
Muſka-

Muſkatennuß; hierauf wird es in einem
Blech, das mit Butter geſchmiert iſt, aufgezogen; wenn es trocken iſt, kann man es
oben auch ſchmieren; wer will, kann im
Sommer auch Schnittlauch darein thun.
Wenn etwas davon übrig bleibt, kann man
es zu Schnitten ſchneiden und in eine Suppe gebrauchen; will man es noch beſſer haben, ſo kann man es im Ey umkehren, und
im geriebenen Mutſchelnmehl und Schmalz
backen.

Grundbiren zu kochen.

Wann ſie geſotten, werden ſie zu Scheiben geſchnitten, und dann wird ein Stück
Butter mit einem Caffeelöffelein voll Mehl
auf dem Feuer abgerührt, und eine Fleiſchbrühe daran gegoſſen; wenn es aufgeſotten,
wird es mit ein paar Eyergelb abgezogen,
und dann die Grundbiren darein gethan,
und von dem Feuer abgeſetzt, auch ein ſauber geputzt und gewürfelt geſchnittener Häring darein gerührt mit etwas Pfeffer; endlich wird ein Geſchirr mit Butter beſtrichen, die Erdbiren darein gefüllt, mit geriebenem Käſe beſtreuet und mit Kohlen aufgezogen.

Knöpflein mit ſaurem Rohn.

Ein Kreuzerweck wird zu gewürfelten
Stücklein geſchnitten; alsdann wird von
einer

einer halben Maas ſauren Milch der Rohn
herab gethan, ein Zwiebelein klein geſchnitten und verdämpft, 2 bis 3 Eyer daran geſchlagen, Salz nach Gutdünken; man kann
auch ſtatt der Zwiebelein Schnittlauch nehmen; dieſer Taig wird mit Mehl wie ein
Knöpfleinstaig gemacht, und dann im Waſſer geſotten, und mit geriebenem Brod geſchmälzt.

Erdbiren Auflauf.

Ein halbes Pfund geſottene und geſchälte
Erdbiren werden auf dem Riebeiſen gerieben,
ferner wird ein guter halber Vierling Butter wohl gerührt, nebſt den Grundbiren mit
6 Eyergelb, von einer Citrone wird das
Gelbe abgerieben, und ohngefähr 6 Loth
Zucker; wann alles wohl gerührt iſt, wird
das Weiſſe zum Schnee geſchlagen, und
nebſt dem Saft von der Citrone darein gerührt, alsdann ein Blech oder Porcellan
mit Butter geſchmiert und aufgezogen.

Ein Zinnbrey.

Von einem altgebackenen Milchbrod
wird die Rinde ſauber abgeſchnitten, das
Innere gerieben mit 3 Eyern und ohngefähr
3 Loth Zucker, auch werden ohngefähr 20
Mandeln abgezogen und zart geſtoſen, etwas Zimmet und ein wenig Weinbeere dar-

zu genommen: dieſes alles wird mit einem
Schoppen Milch, worunter etwas Rohn
iſt, unter einander gemacht, in ein Zinn,
das mit Butter geſchmiert iſt, hineingegoſ-
ſen und auf Kohlen geſtellt; auch wird oben
ein Deckel mit Kohlen gethan; wenn es
anfängt dick und oben gelb zu werden, ſo
iſt es fertig.

Ein KrebseyerKäß.

Zwölf bis 13 Krebſe werden ausgemacht
und zart geſtoſen, und in einem guten Vierling Butter abgedämpft, alsdann wird $1\frac{1}{2}$
Maas Milch darein geſchüttet, und eine
Zeitlang daran geſotten, hernach durch ein
Tuch gepreßt; wenn es ein wenig geſtanden, wird der Krebsbutter oben abgenommen, die Milch in eine Pfanne gethan,
nebſt ein paar Löffel voll Wein, ein wenig
Zucker und ſehr wenig Salz; hierauf wird
ein Löffel voll Mehl nebſt Milch und 7 Eyern,
mit ein wenig ganz klein gehacktem Peterling, und dem halben Theil von dem Krebsbutter in die Krebsmilch gerührt, bis es zuſammen gerinnt, doch nicht zuviel, daß es nicht
hart werde; endlich wird es in löcherichte
Formen gegoſſen, und mit dem Rührlöffel
ein wenig veſt gedruckt; wann es abgetropft,
wird es auf die Schüſſel, worinn man es
auf den Tiſch gibt, umgeſtürzt, zugedeckt,
auf

auf einen Hafen mit ſiedendem Waſſer geſtellt, bis die Sos, wie folgt, zurecht gemacht wird: Nehme den übrigen Krebsbutter ſamt einem Löffelein voll Mehl, welches
auf einer Gluth unter einander gerührt wird,
bis es ein wenig ſchäumt, gieß es mit der
abgeloffenen Brühe von dem Eyerkäſe an,
und laß es unter beſtändigem Umrühren aufkochen, gieß es über den Käſe, und laß es
mit den Krebsſchwänzen aufkochen; man
kann auch ein wenig Zucker und auch ein
paar Löffel voll ſüſſen Rohn an die Sos
thun.

Gedämpfte Lunge.

Wann die Lunge ein wenig abgeſotten
iſt, wird ſie zu kleinen Stücken geſchnitten,
ſodann wird ein Butter heiß gemacht, ein
wenig klein geſchnittene Zwiebeln darzu gethan, die Lunge damit gedämpft und Fleiſchbrühe darzu gegoſſen; wenn ſie ſo lange geſotten, bis ſie waich iſt, wird ein Löffel
voll Mehl mit einem Stücklein Butter und
Eßig mit der Brühe angerührt, an die Lunge gegoſſen, und noch ein wenig gekocht,
auch Salz, Pfeffer, Nägelein nach Gutdünken daran gethan.

D 2 Spar-

Spargeln mit ſüſſem Rohn gekocht.

Dieſe werden wie gewöhnlich in Salz-waſſer gebrühet, und dann auf ein Zinn ge-legt; ferner nimmt man einen Meſſerſpiz voll Mehl, ein gut Stücklein Butter, 5 bis 6 Eyerdotter, (je nachdem es Spargeln ſind,) ein paar kleine Löffel voll Fleiſchbrü-he und einen dicken ſüſſen Milchrohn; dieſes alles wird unter beſtändigem Umrühren ein wenig aufgekocht, und über die Spargeln gegoſſen.

Spargeln mit Kalbeprießlen.

Die Spargeln werden abgeſchnitten ſo weit ſie waich und grün ſind, und in einem Salzwaſſer geſotten, aber nicht zu viel, in-deſſen werden Prießlein ſchön weiß, auch nicht gar zu waich abgeſotten, und zu run-den Stücklein geſchnitten; hierauf wird ein Stück Butter mit ein wenig geſchnittenem Peterling und einem ganzen Zwiebel in einen Fußhafen gethan, bis es angezogen, die Spar-geln, wenn ſie abgeloffen, werden darzu ge-than, nebſt den Kalbsprießlen und nach Be-lieben auch Kalbseuterlen, und ein wenig abgedämpft; alsdann wird etwas fein Mehl daran geſtäubt, und mit guter Fleiſchbrühe aufgefüllt, wo man es noch ein wenig ko-chen läßt, daß die Spargeln grün bleiben, auch

auch thut man ein wenig Pfeffer und Salz
nach Belieben hinzu. Vor dem Anrichten
werden ſie mit etlichen Eyerdottern abgezogen, daß die Sos in der Dicke recht iſt.

Ein Spinat mit einem Krebsguß.

Der Spinat wird wie gewöhnlich gekocht: alsdann wird ein Milchbrod in Milch
eingeweicht, ſodann werden 20 Krebſe geſotten, ausgemacht und klein geſtoſen, mit
einem Vierling Butter abgeröſtet, und durch
ein Tuch gepreßt; dieſer Krebsbutter wird
mit 5 Eyergelb gerührt ∧ das Milchbrod
ein wenig ausgedruckt und hineingerührt,
auch die Krebsſchwänze, die zuvor geſchnitten worden, darein gethan: ferner wird das
Eyerweiß zum Schnee geſchlagen, und
Salz und etwas Ingwer darunter gerührt,
man kann auch ein wenig von dem Krebsbutter unter den Spinat rühren; ſodann
richtet man ihn auf eine nicht zu groſe Platte
an, ſetzt ihn auf eine heiſſe Aſche, oder in
eine Tortenpfanne, legt den Guß auf dem
Spinat herum, und zieht es mit einem Aufzugdeckel ſchön gelb auf.

Stockfiſche mit Erdbiren.

Wenn die Erdbiren geſotten, werden ſie
rund zu dünnen Scheiben geſchnitten, alsdann wird ein Häring gewaſchen, geputzt

D 3 und

und ausgegrätet, und zu kleinen Stücklein
geschnitten; ferner wird ein Zinn wohl mit
Butter beschmiert, mit einer Lage von
Grundbiren und Häring belegt, worauf
eine Lage Stockfisch, der zuvor zurecht gemacht ist, ein paar Löffel voll süssen Rohn,
etwas Muskatenblüthe, und ein wenig Peterling kommt, alsdann kommen wieder
Grundbiren, und so wird fortgefahren, bis
man 2 oder 3 Lagen in dem Zinn hat: es
wird etwas frischer Butter darauf geschnitten, wohl zugedeckt, und auf den Kohlen
wohl aufgekocht. Es ist auch nicht zu vergessen, daß bey jeder Lage ein wenig Mutschelnmehl überstreuet, und etwas Salz daran gethan wird.

Käßnudeln.

Man nimmt eine oder zwey Maas Milch,
welche über Nacht gestanden, gießt den
Rohn wohl davon ab, setzt die Milch mit
ein paar Löffel saurer Milch über das Feuer,
läßt solche zusammen gerinnen, nur nicht zu
hart, daß man die Molken in einem Seiher, oder durch ein Tuch, wohl ablauffen
lassen kann; man rechnet zu einer Maas
Milch 3 Eyerdotter, welche an die abgelof-
fene Molken gethan werden, und thut noch
etwas Salz und Mehl hinzu, bis es einen
Taig gibt, der nicht zu vest ist. Mache
lange

lange Wärgeln davon, in der Länge wie
Grundeln, ſiede ſie im Waſſer ſo lang als
ein hartes Ey, laſſe ſolche wohl ablauffen,
thue den ſüſſen Rohn daran und etwas
Salz, ſchmiere ein beliebiges Geſchirr mit
Butter und ziehe ſie unten und oben mit Kohlen auf.

Krebs Nudeln.

Es werden die Krebſe, wenn ſie geſotten
und ausgemacht auch geſtoſen ſind, in einem guten Stück Butter, je nachdem man
viel oder wenig braucht, geröſtet, und der
Krebsbutter durch ein Tuch gepreßt; an die
Krebſe wird eine Milch gegoſſen, ſolche ein
wenig aufgeſotten und auch durch das Tuch
gepreßt, ſo kann man den Krebsbutter vollends abheben und zu dem andern thun.
Es werden nach Belieben feine Nudeln mit
Eyergelb und ſüſſem Rohn gemacht; wann
ſie fein geſchnitten ſind, werden ſie in der
Krebsmilch abgeſotten, darauf wird ein beliebiges Geſchirr mit dem Krebsbutter geſchmiert, da man die Nudeln ein wenig ablauffen läßt; ſodann wird davon ein Geleg
in das Geſchirr gethan, von den Krebsſchwänzen darauf geſchnitten, wie auch etwas von dem Krebsbutter, dann wieder
Nudeln und ſo fort bis die Nudeln alle ſind,
hierauf wird oben wieder Krebsbutter dar-

D 4 auf

auf geſchnitten, und mit Kohlen oder in dem
Backofen aufgezogen, aber daß es noch ſaftig bleibt, und nur unten und oben ein wenig gelblicht ſiehet.

NB. In die Nudeln wird etwas Zucker
und ein wenig Salz gerührt, wann ſie
abgeſotten ſind, auch darfen ſie nicht
zu viel abgeloffen ſeyn.

SchaumKlößgen.

Es wird eine Handvoll Mandeln abgezogen und ganz klein geſtoſen, mit ohngefähr 3 Schoppen guter ſüſſer Milch angerührt, alsdann mit einem Stücklein Zimmet und etwas Citronen auf dem Zucker abgerieben, ein wenig abgeſotten, und durch
ein Tuch oder Haarſieb getrieben; ſollte es
nicht ſüß genug ſeyn, ſo kann man noch etwas Zucker nehmen; ferner werden 5 bis 6
Eyerweiß zu einem veſten Schaum geſchlagen, worein man zuletzt auch etwas Zucker
ſchlagen kann, es wird eine andere Milch
über das Feuer geſetzt, wann ſolche ſiedet,
wird der Schaum Löffelvoll weis darein gelegt, und mit ein paar Sud abgeſotten;
die Klößgen werden mit dem Schaumlöffel
auf eine Porcellanplatte heraus geſetzt, und
obbemeldte Mandelſos heiß darüber gegoſſen.
Will man aber eine gelbe Sos darüber haben, ſo werden ſtatt der Mandeln Eyergelb
mit

mit etwas mehreren Citronen und Zucker in die
Milch gerührt; man kann auch alsdann
den Schaum oben mit etwas Zucker beſäen,
und mit einer glühenden Schauffel oben
gelb machen, oder mit etwas geſchnittenem
Citronat beſtreuen. Auf beyde bemeldte Arten kann man es warm oder kalt auf die
Tafel geben.

Süſſe Rohn Struckeln.

Zwey Eyergelb, zwey Löffelvoll Milch,
ein Löffelvoll Zucker wird mit Mehl wie ein
Nudelntaig gemacht, davon werden ohngefähr 6 Plätzlein dünn ausgewellet, und ein
wenig abgetrocknet; indeſſen wird eine gute
Handvoll Mandeln klein geſtoſen, und mit
Zucker nach Belieben, mit zwey Eyern und
einem Dotter angerührt; hierauf werden die
Nudelnplätze mit einem ſauren Rohn überſtrichen, und nach dieſem mit der angerührten Mandelfülle; man kann auch mehr
Mandeln nehmen und die Fülle dicker machen; alsdann werden die Plätze drey Finger
breit zuſammen gewickelt, und ein Caſſerol
wohl mit Butter geſchmiert, die Plätze werden in der Rundung herumgelegt, daß ſie
nicht auf einander kommen; ferner wird
es auf die Gluth geſetzt, mit einem Deckel,
worauf Kohlen ſind, zugedeckt, wann es
anfängt aufzuziehen, wird es mit Butter

D 5 über-

überſtrichen, und mit ein wenig Zucker über⸗
ſtreuet; ſo bald es anfängt oben und unten
gelb zu werden, wird etwas ſiedende Milch
daran geſchüttet und vollends aufgezogen,
daß es eine kurze Sos bekomme; es wird
auch ein wenig Zucker in die Milch gethan,
und die übrige Milch darzu auf den Tiſch
gegeben; gleich bey dem Einſetzen der Struk⸗
keln wird etwas Milch in den Caſſerol ge⸗
than.

Ein ServiettenKnopf.

Es werden ein paar Kreuzerwecken wie
zu einer Suppe eingeſchnitten und mit einer
ſiedenden Milch angebrühet, wann es ein
wenig geſtanden, läßt man die Milch davon
ablauffen, dämpft in einem Stück Butter
geſchnittenen Peterling und Schnittlauch,
thut es dazu nebſt Salz nach Gutdünken;
ſodann wird nach Belieben übriger Kalbs⸗
braten klein gehackt, ungefähr 5 bis 6 Eyer
wohl verrührt, und mit dem verhackten
Fleiſch an die Wecken gerührt; man bindet
es in ein Tuch, welches in der Mitte mit
Butter überſtrichen wird, legt es in ſieden⸗
des Waſſer, welches geſalzen werden muß,
läßt es ohngefähr anderthalb Stunden ſieden,
ſtürzt es aus dem Tuch um, und macht
eine Peterlingſos oder eine Sos von Fleiſch⸗
brühe, ſüſſem Rohn und Eyerdottern daran.

Man

Man kann es auch ohne Fleiſch machen, von dem Waſſer daran gieſſen, und mit Butter ſchmelzen.

Geröſtete Grundbiren.

Dieſe können, ſtatt der Caſtanien, auf Gemüſer oder in gebratene Gänſe gebraucht werden. Die Grundbiren werden geſchält, und in der Mitte von einander geſchnitten, alsdann werden Fingersdick Stücklein davon abgeſchnitten; ſo daß man ſie ohngefähr in der Dicke und Gröſe wie die Caſtanien ſchneiden kann, hierauf wird ein Zwiebelein klein geſchnitten, ein Stücklein Butter in ein Kächelein gethan; wann ſolcher wohl vergangen, werden die Zwiebeln nebſt den Grundbiren darein gethan, und langſam unter öfterm Umſchütteln gedämpft, bis ſie waich und ein wenig gelblicht ſind; noch beſſer iſt es, wenn man Gansſchmalz hat, und ſolche ſtatt des Butters, wenn es heiß gemacht iſt, alſo darinn verfertigt. Gleicher Weiſe kann man es auch von geſottenen Erdbiren machen, nur müſſen ſie, damit ſie nicht verfallen, ſchneller geröſtet werden.

Bücklinge zu kochen.

Die Bücklinge werden in laues Waſſer gelegt; hat man Zeit, ſolche einen halben Tag im Waſſer liegen zu laſſen, ſo iſt es
gut,

gut, wo nicht, so müssen sie ohngefähr eine
Stunde in lauem Waffer auf gelinde Kohlen gesetzt werden, so wie die Stockfische;
wenn sie ein wenig waich sind, werden sie
herausgenommen, und die Haut abgezogen,
wie bey den Häringen; alsdann wird Butter. oder Schmalz heiß gemacht, der Bückling darein gethan und auf beyden Seiten
ein wenig gebraten; sodann kann man sie
zu einem Gemüß, Sauerkraut, Erbsen,
Linsen geben. Will man aber ein Gemüß
davon machen, so wird der Bückling auf
einer feinen Zinnplatte, Casserol oder feinen
Stollkachel gebraten, und neben beyden Seiten werden an den Bückling Eyer geschlagen, aber so, daß sie ganz bleiben; man läßt
sie so lang auf der Kohlen stehen, bis das
Ey fertig, und nur das Gelbe noch waich
ist.

Gerührte Eyer mit Kalbsbraten.

Wenn man übrigen Kalbsbraten hat,
werden dünne Stücklein Messerrücken dick
und halb Fingers lang, davon geschnitten;
5. 6. oder mehrere Eyer genommen, mit ein
wenig süssem Rohn und etwas Salz verkley-
pert, und nach Belieben auch etwas Schnittlauch darzu genommen; alsdann läßt man
ein ziemliches Stück Butter in einer Pfanne oder Casserol wohl zergehen, thut die

Eyer

Eyer darein, und rührt sie langsam um; wenn sie sich angefangen zusammen zu klumpen, so daß sie nicht hart werden, wird das Kalbfleisch darein gethan, noch ein wenig unter einander gerührt, und angerichtet.

Zwetschgen Auflauf.

Wann die Zwetschgen sauber gewaschen sind, werden sie, bis man sie aussteinen kann, im Waßer gekocht; wenn sie ausgesteint sind, werden sie wieder in dem Waßer nebst einem Gläslein Wein, Zucker, Zimmet, geschnittenen Citronen, vollends waich gekocht, daß man sie verrühren kann; alsdann werden 1 - 3 Löffelvoll herausgenommen, und wohl zerrührt oder durch das Haarsieb getrieben, unter die übrige Zwetschgen wird ein Händleinvoll abgezogene und dünn länglicht geschnittene Mandeln gerührt, diese werden in das Geschirr, worinn man es auf den Tisch tragen will, hinein gethan; ferner werden ohngefehr 5 Eyerweiß zum Schnee geschlagen, und dann die durchgetriebene Zwetschgen mit einem Händleinvoll Zucker langsam darein geschlagen; solcher Schnee wird auf den Zwetschgen herum gethan, mit Zucker und groblecht gestosenen Mandeln überstreuet, in der Tortenpfanne oder Backofen langsam aufgezogen, bis der Schnee oben schön gelb, und hart wird; man

man kann auch alle Zwetſchgen durchtreiben,
mehr Schaum machen, und alle unter den
Schaum rühren, und wie obgemeldet damit
verfahren.

Fiſch Knöpflein.

Es wird ein Pfund Fiſche geſotten, ausgegrätet und gehackt, ein Vierling Butter
wird weiß gerührt und nach und nach fünf
Eyer darein geſchlagen, auch ein wenig Peterling und ein klein geſchnitten Schalottenzwiebelein, Salz, Pfeffer und Muſkatennuß nach Belieben darzu gethan; alsdann
wird Mutſchelnmehl oder gerieben Milchbrod, wovon die braune Rinde zuvor abgerieben worden, darein gerührt, bis es in
der Dicke recht ſeyn mag; man kann eines
davon probiren, und wenn der Taig zu
dünn iſt, noch etwas Mehl darein thun;
hernach werden ſie in der Fleiſchbrühe geſotten, und in einer Suppe gegeben, oder im
Waſſer geſotten, und mit Butter zu einer
Faſtenſpeiſe geſchmälzet.

Ein Gemüß von Kalbskröß.

Das Kröß wird auſſer dem Magen und
Borſten ſauber gewaſchen, weil letzteres zu
hart iſt, mit ein wenig Butter und Salz
im Waſſer waich geſotten; darauf wird es
mit einem Stücklein Speck und etwas Nie-

renfett klein gehackt; hierauf nimmt man
ein Milchbrod oder Wecken, ſchneidet die
äuſſerſte Rinde weg, waicht das Innere in
Milch ein, drückt es ein wenig aus, thut
es zu dem gehackten, ſchneidet ein paar
Schalottenzwiebel nebſt etwas Schnittlauch
und Peterling klein, dämpft es in einem
guten Stücklein Butter ab, thut etwas
Muſkatenblüthe und Salz darzu, rührt
dieſes alles mit etlichen Eyerdottern an,
ſchlägt das Weiſſe zum Schnee, rührt es
auch hinein, ſchmiert ein Geſchirr mit Butter und zieht es mit Kohlen auf; noch beſſer
iſt es, wenn man den Boden mit einem
dünnen Buttertaig auslegt und behandelt
wie ſchon gemeldet worden; wenn man
will, kann man auch Peterling- und Schnitt-
lauchſos darzu geben.

Omelette von Eyern mit Citronen.

Zehen Eyergelb werden in eine Schüſſel
gethan, alsdann wird eine Citrone oder
Pomeranze auf dem Zucker abgerieben, hinein gerührt, und wohl ſüß gemacht, das
Weiſſe von den Eyern wird zum Schnee geſchlagen, und langſam darunter gerührt;
ferner wird ein kleines Becken oder Caſſerol
mit Butter, welcher vergangen ſeyn muß,
wohl ausgeſtrichen, und nur das Klare genommen; endlich gießt man die Maſſe darein,

ein, backt sie langſam im Ofen, ſtürzt ſie
auf ein Plättlein, und glaſirt es oben mit
Zucker, das heißt, man ſtreuet es mit Zuk=
ker und brennt es mit einem glühenden
Eiſen.

Gebackene Milch Flädlein.

Es werden, wie gewöhnlich, gute Fläd=
lein gebacken, und völlig 2 Fingerbreit über=
ſchlagen; hierauf werden ein paar Eyer ver=
kleppert, die Flädlein darinn umgekehrt,
wie ein Schnecke zuſammen gerollt, nur
nicht gar zu veſt, werden in heiſem Schmalz
ſchön gelb gebacken, und in der Platte,
worinn man ſie auf den Tiſch geben will,
herumgeſetzt; alsdann wird folgende Sos
daran gemacht: eine Handvoll Mandeln
wird zart geſtoſen, in einer meßingenen
Pfanne mit einer Handvoll Zucker gelb ge=
röſtet, und mit guter Milch angerührt, die=
ſe wird mit ein paar Eyerdottern daran ge=
rührt, und über die Flädlein angerichtet;
wer will, kann auch Zimmet daran thun:
man kann auch eine Kirſchen= oder Hegen=
ſos daran machen.

Gefüllte Omelette.

Man backt gute kleine Pfannenküchlein
von einem leichten Taig, daß man ſie ſchön
dünne machen kann, macht ſie nicht zu braun,
nur

nur ſchön gelb, ſchneidet von einem Wecken oder Milchbrod die Rinde ab, kocht es in der Milch, rührt es mit einem Vierling abgezogener und feingeſtoſener Mandeln und Eyergelb ab, thut Zucker und Citronenſchalen nach Belieben hinzu, ſtreicht damit einen jeden Kuchen, rolirt es zuſammen, formirt Schnecklein daraus, ſtreicht ein Geſchirr mit Butter, ſetzt ſie darein, gießt etwas Butter und ſüſſen Rohn, auch ein wenig Zucker darüber, und läßt ſie im Backofen oder in der Tortenpfanne aufziehen.

Omelette von Kalbsnieren.

Der Nieren von dem Kalbsbraten wird mit dem Fetten ganz klein gehackt, nebſt etwas Peterling, Schalottenzwiebeln, Gewürz und Salz; rühre es mit ohngefähr 12 Eyern und einem ſüſſen Rohn an, und backe es in der Flädleinspfanne, wie gewöhnlich.

Farce von Auſtern.

Die Auſtern werden ausgeputzt und ein wenig blanſchirt, und ganz klein gehackt, es wird etwas weiß Brod in Milch dazu eingeweicht, nebſt gehackten Sardellen und Schalottenzwiebeln, Peterling, Pfeffer, Salz, und einem Stück Butter; man ſtößt es wohl unter einander, rührt es mit Eyergelb

E an,

an, füllt es in die Aufterschalen, überstreuet
sie mit geriebenem Milchbrod, setzt sie in
Ofen; wenn sie ein wenig gelb sind, werden sie nebst ein paar ganzen Citronen, oder
nebst um die Platte herumgelegten Citronen-
schnitzen, zur Tafel gegeben.

Kalbs- oder SchweinenOhren.

Man siedet sie in einer Preß, schneidet
sie alsdann langlecht, thut sie in einen Casserol, thut ein Glas Wein, gehackte Citronenschalen, und etwas Saft, Semmelmehl
und Peterling, und eine gute Fleischbrühe
hinzu; wenn es eine Zeitlang gekocht hat,
wird es vor dem Anrichten mit einem Eyergelb angerührt, und mit gebackenem Milchbrod nebenzu garniret: man kann auch eine
andere braune oder Zwiebelsos daran machen.

Schnecken zu kochen.

Lasset die Schnecken etlichemal aufkochen, thut sie in kaltes Wasser; wenn sie
aus den Häußlein gethan sind, werden sie
sauber geputzt; hierauf thut man sie in einen Stollhafen, thut dazu Wasser, ein wenig Butter, ein paar Lorbeerblätter, Zwiebel, Majoran, Salz, etwas Gewürz hinzu, läßt sie einen halben Tag, oder noch
mehr langsam fortkochen; alsdann werden
sie

sie noch etlichemal durch ein laulichtes Wasser, damit sie nimmer schlinzericht seyen, heraus gewaschen; man siedet die Häußlein im Salzwasser, putzt sie sauber, und läßt sie wohl auslauffen, macht eine Farse mit etwas eingeweichtem Milchbrod, Majoran, etwas Schalottenzwiebel, ein wenig Citronen, Muskaten, etwas Pfeffer, ein Stücklein Butter, ein wenig Peterling, man kann auch etwas Sardellen darein schneiden; wenn die Farse wohl unter einander gemacht ist, wird ein wenig davon in das Häußlein nebst einem Schnecken gefüllt, und oben wieder mit der Farse vest zugemacht; hernach thut man es in ein Geschirr zum Aufkochen; thut daran eine gute Fleischbrühe, Citronen, Muskatennuß, Semmelmehl, und ein Stücklein Butter; wenn sie eine Viertelstunde gekocht, legt man die Häußlein heraus auf die Schüssel, ziehet die Sos mit ein paar Eyergelb ab, und gießt sie darüber.

Würstlein von Hühnerbrüstlein oder Kalbfleisch.

Wenn man etwas übrig hat von gebratenem Kalbfleisch, das nämlich weiß ist, oder Brüstlein von jungen oder welschen Hünern, wird es ganz klein gehackt, darunter kann man auch etwas von frischem Speck

hacken,

hacken, thut von einem Wecken das Aeusse-
re hinweg, kochet das Innere in süssem
Rohn ein wenig kurz, thut ein wenig Muskatenblüthe, Majoran und ein wenig Pfeffer
daran, rührt es unter einander, schlägt von
4 oder 5 Eyern das Weisse zu Schnee,
füllet es in sauber geputze schweinene Därme, macht sie in siedend Wasser oder Milch
fertig und bratet sie in Papier auf dem Rost
ein wenig gelb mit Butter.

Bratwürstlein in der Sos.

Man nimmt ordinäre gute Bratwürste,
bindet sie fingerslang, bratet sie wie gewöhnlich in dem Butter, macht zuvor eine Sos,
dämpft ziemlich Zwiebel im Butter, bis sie
gelb sind, stäubt etwas Mehl daran, und
thut ein Glas guten Wein, etwas Citronen nebst dem Saft, und ein wenig Pfeffer hinzu, läßt es aufkochen, samt einer guten Fleischbrühe, schneidet die Bratwürste,
wo sie zusammen gebunden sind, von einander und gießt die Sos darüber.

Nudeln a la Palfi.

Es werden von zwey Eyern Nudeln gemacht, und nicht gar zu fein geschnitten,
solche werden schön gelb im Schmalz gebak-
ken, und auf ein Fließpapier gelegt, alsdann wird folgender Crem gemacht: man
nimmt

nimmt einen guten halben Vierling Butter,
3 bis 4 Löffelein voll fein Mehl, rührt es
mit anderthalb Schoppen guter Milch an,
thut einen Löffel voll Zucker daran, kocht
einen Crem davon, bis er wie ein Kindleinsbrey ist; wenn er zu dick ist, schüttet
man noch ein wenig Milch daran; hierauf
nimmt man eine Platte, belegt sie mit ge-
rösteten Nudeln und dann etwas Zucker,
bedeckt sie von dem Crem mit einem Löffel,
überstreuet den Crem wieder mit Nudeln,
und streuet sie mit Zucker, bedeckt solche
wieder mit dem Crem, und dann wieder
mit Nudeln, welche abermalen mit Zucker
überstreuet werden; man muß es so einrich-
ten, daß die Platte nicht zu groß sey, und
auf diese Art die ganze Masse hinauf gehe.
Man kann auch eine Citrone auf dem Zukker abreiben, und statt des Zuckers in den
Crem thun. Wenn es also beysammen ist,
wird es auf eine heise Asche gestellt, mit
einem Deckel, worauf etwas Kohlen sind,
zugedeckt, oder in ein Backöfelein gestellt,
nur so lange, bis es wieder ganz warm ist.

Grundbiren Knöpflein.

Es wird ohngefähr ein Vierling Butter
mit 5 oder 6 Eyern weiß gerührt; alsdann
werden 2 grose Handvoll geriebene Wecken
oder Semmelmehl, auch eben so viel gesot-

E 3 tene

tene und geriebene Grundbiren, etwas Salz,
ein wenig Pfeffer und Majoran dazu genommen, die Maſſe wird wohl unter einander gerührt, und Knöpflein daraus formirt,
welche in Waſſer geſotten und mit geriebenem Brod geſchmälzt werden.

Eine andere Gattung.

Es wird, wie oben gemeldet, Butter
und Eyer mit einander gerührt, ſolches mit
geriebenen Grundbiren und einem Eßlöffel
voll weiß Mehl wie ein dicker Knöpfleinstaig nebſt Salz angemacht; hierauf nimmt
man ein wenig Mehl in die flache Hand,
nimmt einen Löffelvoll von dem Taig,
macht ſie rund wie Knöpflein, ſiedet ſie
alsdann im Waſſer und ſchmälzt wie oben
gemeldet worden.

Crem Knöpflein.

Es wird ohngefähr ein halber Vierling
Butter, ein halber Schoppen Milch, auf
das Feuer geſetzt und ſiedend gemacht; ferner wird, bis der Taig dick iſt, Mehl hinein
gerührt; wenn der Taig erkaltet, werden
ohngefähr 6 Eyer daran geſchlagen, Knöpflein davon eingelegt, im Waſſer mit Salz
geſotten, und nach Belieben geſchmälzt:
man kann ſie auch in der Fleiſchbrühe ſieden,
und in die Suppe geben: den Taig kann
man

man auch wie Caffeeküchlein aufſetzen, und
backen, auch davon in eine Suppe geben.

Ein Aufgezogenes von Grießmehl.

Man macht eine halbe Maas Milch mit
einem halben Vierling Butter ſiedend, rührt
Grießmehl darein und läßt es kochen, bis
es wie ein Brey iſt, alsdann ſetzt man es
vom Feuer ab und läßt es erkalten; ferner
wird ein ſtarker Vierling Butter mit 6
Eyergelb gerührt, und dann der Grießbrey
hinein gerührt, nebſt etwas geriebenem Zukker, das Weiſſe vom Ey wird zum Schnee
geſchlagen, und auch darein gerührt, zuvor
aber werden ohngefähr 4 Flädlein, wie gewöhnlich, gebacken, welche in der Gröſe geſchnitten ſeyn müſſen, wie die Form, worinn man das Gemüß aufziehen will; endlich wird das Geſchirr mit Butter geſchmiert, der Boden wohl Fingersdick mit
dem gerührten Grieß bedeckt, alsdann wird
ein Flädlein mit Aprikoſen-Marmelade überſtrichen, auf das Grieß gelegt, und wieder
mit einem Flädlein zugedeckt, hierauf wieder von dem Grieß und wieder ſo eingefüllt,
und bedecktes Flädlein alsdann aber wieder
von dem angerührten Grieß, und ſo in einer Tortenpfanne oder Backofen langſam
aufgezogen; man kann auch die Flädlein

E 4   mit

mit etwas anders vom Eingemachten füllen,
nur darf das Eingemachte nicht viel Brühe
haben; man kann auch eine gute Quitten⸗
oder Aepfelfülle nehmen.

Gebackene Eyer.

Die Eyer werden nicht ganz hart geſot⸗
ten, nur daß das Gelbe waich bleibe; hier⸗
auf wird die Schale abgeſchält, in einen
gebrüheten Taig umgekehrt, und im Schmalz
gebacken; ſodann kann man eine gute braune
Sos darüber machen, oder die Eyer in ei⸗
ner braunen Suppe geben.

Gefüllte Eyer.

Die Eyer werden hart geſotten, in der
Länge mitten von einander geſchnitten, das
Gelbe herausgenommen, und in einem
Schüſſelein zerdrückt, ein paar Löffel voll
Semmelmehl darein gethan, ein wenig klein
geſchnittene Zwiebeln in einem Stücklein
Butter abgedämpft und ein wenig Salz dar⸗
zu gethan, dieſes wird mit Eyergelb und
ein wenig dicken ſüſſen Rohn angerührt,
daß es wie ein Brey iſt; alsdann werden
die halbe Eyer gefüllt, etwas ſüſſer Rohn
in einen Caſſerol oder flache Schüſſel gethan,
worzu etwas Zucker genommen wird, die
Eyer darein geſetzt, daß ſie völlig um die
Hälfte

Hälfte im ſüſſen Rohn ſitzen, und ſodann auf etwas Kohlen und mit einem Deckel, worauf auch Kohlen ſind, aufgezogen; der ſüſſe Rohn darf nicht ganz eingeſotten ſeyn, damit man ſie noch mit der Sos auf den Tiſch geben kann. Auf dieſe Art kann man auch die Eyer in einer Schalotten- oder ſauren Sos machen.

Reißauflauf.

Ohngefähr ein halber Vierling Reiß wird wohl gewaſchen, und mit guter Milch, worunter auch etwas ſüſſer Rohn ſeyn darf, ſehr langſam gekocht, ſo daß man ohngefähr eine halbe Maas Milch darzu gebraucht; von Anfang wird ein Stücklein Zimmet darein gekocht, und zuletzt Zucker darein gethan, bis es wohl ſüß iſt; wenn es dann wie ein Brey eingekocht iſt, läßt man es erkalten, ſchlägt ohngefähr 6 bis 8 Eyerweiß zum Schnee, rührt es ganz locker unter das Reiß, gießt es auf eine Porcellanplatte oder ſonſt in ein Geſchirr, überſtreuet es dick mit Zucker, und läßt es in einer Tortenpfanne langſam aufziehen, ſo daß es eine ſchöne gelbe harte Cruſte oben hat.

KrebsDampfnudeln.

Von ohngefähr 12 Krebſen, die nicht gar zu klein ſind, wird, wie ſchon mehrma-

E 5 len

len gemeldet worden, von einem vollen Vierling Butter ein Krebsbutter gemacht; wenn
der Butter ausgepreßt worden, gießt man
an die Krebsſchalen ohngefähr einen Schoppen gute Milch, preßt ſie wieder durch das
nämliche Tuch in ein beſondres Geſchirr,
und macht einen DampfnudelnTaig auf folgende Art:

Ein völlig halbes Pfund Mehl wird mit
drey kleinen Eyern, etwas lauer Milch und
einem Löffel voll guter Bierhefen, auch etwas Salz, wie ein gewöhnlicher DampfnudelnTaig angemacht; wenn ſolcher wohl
geklopft worden, läßt man ihn noch ein wenig gehen, nimmt ihn auf das Nudelnbrett
heraus, wellet ein viereckigtes Stück nicht
gar Fingersdick aus, überſtreichet es wohl
mit dem Krebsbutter, doch ſo, daß noch
etwas davon überbleibt, ſchneidet nicht gar
einen Finger breit und anderthalb Finger
lang Riemen davon, rollt einen jeden auf,
ſetzt ſie ſo gerad als möglich auf ein mit
Mehl beſtreutes Blech, läßt ſie langſam gehen, nimmt das Obere von der Krebsmilch
in einen Caſſerol oder Becken, doch nicht
mehr, als daß die Dampfnudeln einen halben Finger dick darein zu ſitzen kommen;
wenn die Milch oben keine Fette mehr hat,
muß noch etwas von dem Krebsbutter darzu

zu gethan werden; hernach setzt man die Dampfnudeln in dem Blech herum, stellet sie auf Kohlen, decket sie mit einem wohl-schliessenden Deckel zu, worauf ein wenig Kohlen, oder heisse Asche gethan wird, weil sie mehr von dem Dampf als dem Feuer müssen aufgezogen seyn, indem sie oben nicht gelb werden, sondern nur fertig seyn müf-sen; wenn sie wohl aufgezogen, werden sie mit dem übrigen Krebsbutter vollends über-strichen; wenn sie unten recht schön gelb sind, wird von der übrigen Krebsmilch, welche siedend seyn muß, mit einem Löffel ein we-nig darzwischen gegossen, aber nicht mehr, als daß sie unten etwas saftig davon seyn: alsdann werden sie ausgestochen, und auf einer Platte auf den Tisch gegeben; wer will, kann auch die übrige Krebsmilch auf den Tisch geben.

Klumpen Nudeln.

Es werden ohngefähr drey Händevoll Mehl, ein paar Handvoll sogenannte Knol-len von saurer Milch, drey Eyer, ein paar Löffelvoll Bierhefen, etwas Salz, unter einander gemacht, daß es ist wie ein vester Knöpfleinstaig; hierauf wird der Taig auf das Nudelnbrett heraus gethan, ein paar Wärgeln davon gemacht, Stücklein daraus ge-

geſchnitten wie ein kleines Ey, hieraus wieder langlechte Wärgeln gemacht und auf ein
Brett, mit Mehl beſtreuet, geſetzt, worauf
man ſie gehen läßt, ſie darfen aber nicht
viel gehen, ſonſt bleiben ſie nicht hoch; alsdann wird in einem Becken oder Caſſerol
ein Stück Butter zerlaſſen, und ein klein
wenig gute Milch daran geſchüttet, und
dann wie obige Dampfnudeln aufgezogen,
ſie darfen oben auch keine Schärre haben;
wenn ſie unten ſchön gelb ſind, wird ein
wenig ſüſſer Rohn daran gegoſſen, daß ſie
wohl ſaftig bleiben, alsdann werden ſie aus-
geſtochen und auf den Tiſch gegeben; wenn
man ein wenig ſauren Rohn unter den ſüſſen
thut, iſt es auch recht gut.

Von dem nämlichen Taig kann man auch

KlumpenKüchlein

im Schmalz backen, nur wird dazu ein wenig Butter in den Taig genommen, länglichte Küchlein daraus gewärgelt, und wenn
ſie gegangen (aufgenommen), ehe man ſie
im Schmalz backt, ein Schnitt oben hinein gemacht.

HammelsWürſte.

Dieſe können auch als ein Gemüß gegeben werden. Das Blut von einem Hammel

mel wird durch einen Seiher in eine Schüſſel gethan, und nicht gar ſo viel gute Milch
als es Blut iſt, darzu genommen, ein
Zwiebel wird klein geſchnitten, und in einem Stücklein Butter verdämpft, hernach
mit Salz auch darzu gethan; die Würſte
müſſen wohl geſalzen ſeyn, Pfeffer, Nägelein, Majoran kommt nach Belieben hinzu; dieſes wird wohl unter einander gemacht; wenn die Därme von dem Hammel
ſauber gepuzt, eingefüllt, und im Waſſer
wie andere Würſte verwellet ſind, weil es
groſe und dicke Därme ſind, füllt man ſie
ſtrichweis, thut die dicken zuvor ins Waſſer, läßt es aber ja nicht ſieden; wenn ſie
fertig ſind, welches man wiſſen kann, wenn
man mit einer Gabel hinein ſticht und kein
Blut mehr heraus lauft, werden ſie heraus
gethan. So kann man davon zu allen Ge-
müſern auf den Tiſch geben; will man ſie
als Gemüß geben, werden die dicken Würſte genommen, und zwey Finger breite Rädlein davon geſchnitten, etwas Butter wird
heiß auf einer Platte gemacht, die Rädlein
darauf herum geſetzt, und dann mit viel
klein geſchnittenen Zwiebelen im Butter gelb
gemacht und geſchmälzt. Noch beſſer aber
iſt es, wenn man eine Bratensbrühe von
Kalbfleiſch oder Capaunen, oder einer Gans
hat, und ſie in der Platte ſtatt des Butters

ters heiß macht, die Wurſträdlein darein
ſetzt, und oben mit Zwiebeln ſchmälzet. Man
kann die Würſte auch wie andere Blutwür-
ſte etliche Tage aufbehalten und dann, ehe
man ſie braucht, im Waſſer warm machen.

Morcheln zu kochen.

Die Morcheln, davon die grünen viel
beſſer ſind, werden im Waſſer etlichemal
abgeſotten, und zuletzt aus dem friſchen
Waſſer gedruckt; alsdann wird ſüſſer Rohn
heiß gemacht, ein wenig Salz und Muſkatenblüthe, auch etwas klein geſchnittener
Peterling darzu genommen, und die Morcheln darinn gekocht und angerichtet; man
kann auch den Peterling unterlaſſen, und
Zucker in den Rohn thun.

Ein aufgezogenes Mandelmuß.

Es wird von einem Schoppen Milch
ein Brey von Mutſchelnmehl gekocht, wie
ein Kindleinsbrey; ferner wird ein ſtarker
halber Vierling Butter mit 5 oder 6 Eyergelb und mit einem ſtarken halben Vierling
zart geſtoſenen Mandeln gerührt, nebſt Zukker nach Belieben; hierauf wird der Brey
darzu gerührt, das Weiſſe vom Ey zum
Schaum geſchlagen, darunter gerührt, ein
Blech mit Butter geſchmiert und aufgezogen.

Gute

Gute allgemeine Knöpflein.

Ein paar Kreuzerwecken werden zu gewürfelten Stücklein geſchnitten, alsdann
für 2 Kreuzer ſaure Milch, wovon der Rohn
weggenommen worden, wie auch 4 bis 5
Eyer darzu genommen und ein Zwiebel klein
geſchnitten und im Butter verdämpft; man
kann auch grüne Zwiebel, auch etwas grünen klein geſchnitten gewürfelten Speck,
welcher zuvor ein wenig zerlaſſen ſeyn muß,
darzu nehmen. Dieſes alles wird nebſt
Salz unter einander gemacht, und ſo viel
Mehl darzu genommen, bis es einen lockern
Knöpfleinstaig giebt; die Knöpflein werden
endlich im Waſſer geſotten, und mit geriebenem Brod geſchmälzt.

Krebsmuß von Wecken.

Zween Wecken werden eingeſchnitten, wie
zu einer Suppe, und Krebſe nach Belieben
genommen, geſotten, ausgemacht, geſtoſen;
und in einem ſtarken halben Vierling Butter
geröſtet; dieſe werden mit einem Schoppen
Milch abgelöſcht, wenn ſolche eine Weile
daran geſotten, werden ſie durch ein Tuch
gepreßt und die Wecken damit angebrühet;
wenn die Wecken ein wenig geſtanden, und
alle Milch an ſich geſogen haben, werden 5
Eyer verkleppert und daran gerührt, nebſt
den

den Krebsſchwänzen, die zu Stücklein geſchnitten werden, Salz nach Belieben hinzu
gethan, ein Geſchirr mit Butter geſchmiert
und aufgezogen.

Ein Krebsgemüß.

Es wird eine Form genommen, wie ein
kleiner Blumenſcherbe, dieſe wird mit dünne
geſchnittenem grünen Speck ausbelegt, alsdann werden 4 groſe Krebſe, ſo hoch als
die Form iſt, in 4 Ecken darein geſtellt, daß
die Schwänze unten zuſammen kommen;
ferner werden 4 Riemen Kalbfleiſch ohngefähr 2 Finger breit geſpickt, und in die andere 4 Ecke gelegt, ſodann wird ein Stücklein Kalbfleiſch mit etwas Nierenfett, etwas in der Milch eingewaichtem Wecken,
nebſt etwas zerlaſſenem Krebsbutter, und
zwey bis drey Eyern, daß der Taig nicht
gar zu dünne wird, angemacht, ein wenig
geſchnittener Peterling und Salz nach Gutdünken hinzugethan; mit dieſer Maſſe wird
die Form voll ausgefüllt, im Backofen langſam gebacken: wenn es fertig iſt, wird es
umgeſtürzt, der Speck davon genommen,
und eine Krebsſos darüber gemacht.

Apfelmuß.

Ein Apfelmuß wird gekocht mit Zucker,
Zimmet und Roſinlein, wie gewöhnlich;
hier-

hierauf wird es auf eine Porcellanplatte,
oder auf ein Becken gegoſſen; alsdann werden, je nachdem es ein groſes Geſchirr iſt,
4 bis 6 Eyerweiß zu einem dicken Schnee
geſchlagen, worunter zuletzt eine Handvoll
Zucker gemengt wird; dieſes wird dem Apfelmuß gleich herum geſtrichen, noch mit etwas Zucker beſtreuet, und in dem Backofen, oder in der Tortenpfanne langſam aufgezogen, bis es eine gelbe Cruſte hat, unten darf es nicht viel Hitze haben; endlich
werden ein wenig ganz fein geſtoſene Mandeln auf dem Schnee herum geſtreuet.

Eine andere Gattung.

Es werden etliche Händevoll Haußbrod
gerieben, worunter etwas Zucker gemengt
wird; alsdann wird ein Schmalz in einem
Becken oder in einer flachen Schüſſel ſiedend gemacht, von den Broſamen darein
geſtreuet, daß der Boden wohl bedeckt iſt;
hierauf wird es mit dünne geſchnittenen und
geſchälten Aepfelſchnitzlein eine Handhoch
aufgefüllt, worzu auch noch etwas Zucker
genommen werden kann; endlich wird es
wieder mit obbemeldten Brodbroſamen Fingersdick bedeckt, dann wieder ſiedend Schmalz
darauf gegoſſen und mit Kohlen aufgezogen, bis es röſch iſt. Wenn man es beſſer
F   will,

will, kann man auch geſtoſene Mandeln und
Zimmet unter die Broſamen miſchen.

Sauerampfer zu kochen.

Die Sauerampfer werden abgebrochen,
die Stiele davon weggenommen, ſauber gewaſchen, und ganz klein gehackt; hierauf
läßt man ein gutes Stück Butter zergehen,
aber nicht heiß werden, dämpft die Sauerampfer lang und langſam darinnen; wenn
ſolche noch jung ſind, können ſie unausgedruckt genommen werden, ſind ſie aber gegen dem Spätjahr ſchon alt, ſo werden ſie
nach dem Hacken, damit die gröſte Brühe
davon gehe, ausgedruckt; alsdann werden
4 bis 5 Eyer hart geſotten, die Eyer mitten
von einander geſchnitten, das Gelbe in ein
Schüſſelein gethan, und ſolche mit einem
Löffel ſo zerdruckt, daß es wie ein Brey
iſt, auch mit 2 ſauren Rohn von 2 Schoppen Milch vollends angerührt; eine kleine
Viertelſtunde vor dem Eſſen wird dieſe
Maſſe an die Sauerampfer gerührt, noch
ein wenig mit aufgekocht, und dann angerichtet, etwas Salz darzu muß nicht vergeſſen werden; ſo kann man die halbe weiſſe
Eyer darauf herum legen. Dieſe Maſſe
iſt nicht weiter als zu einem guten Teller
voll: man kann auch die halbe weiſſe Eyer
mit gerührten Eyern füllen.

Gefüllter Omelett ſtatt eines Gemüſes.

Es wird in einer groſen Flädleinspfanne ein Omelette von ein wenig Mehl, 3 bis 4 Eyern und guter ſüſſer Milch oder Rohn gebacken, der Omelett muß aber dicker als ſonſt die gewöhnliche Flädlein ſeyn, hingegen muß man Acht geben, daß er auſſen am Rande gleich rund und ſo dick als in der Mitte ſey; auf der einen Seite wird er ſchön gelb, und auf der andern etwas weniger gelb gebacken; ferner wird ein Zinn mit Butter geſchmiert, und der Omelett auf der wenig gebackenen Seite auf das Zinn gethan, alsdann kann man den Omelette füllen mit was man will, als gekochtem Hopfen, einem Sauerampfer Gemüß, mit Spargeln, die als ein Gemüß gekocht ſind, mit Brockelerbſen, Carviol, auch gekochten Aepfeln, und dergl. Der Omelett muß an dem Rand ohngefähr 2 Finger dick ungefüllt bleiben; es werden ringsherum ohngefehr einen halben Finger lang Schnitte hineingeſchnitten, daß man den Omelette auf dem Gemüß einen halben Finger lang einſchlagen kann; ſodann wird der Omelett oben mit Butter geſchmiert, und ſowohl das Gemüß als Omelett mit geriebenem Milchbrod überſtreuet, welches auf eine gelinde Kohle geſetzt, und mit einem Sturzdeckel oben mit Kohlen gelb gemacht wird.

Reiß

Reißpudding.

Der Reiß wird geſtoſen und dick in der
Milch gekocht, ferner wird der Reiß mit
Butter und Eyern nach Gutdünken wohl ge‐
rührt, doch etwas mehr gelb als Eyerweiß,
auch Zucker, Citronen, Citronat und Po‐
meranzenſchalen nach Belieben hinzugethan;
hierauf wird ein Tuch mit Butter geſchmiert,
die Maſſe veſt darein gebunden, und ein
paar Stunden im Waſſer geſotten; oder es
wird ein Caſſerol mit Butter geſchmiert,
die Maſſe darein gegoſſen, mit einem Tuch
veſt zugebunden, und auch im Waſſer ge‐
ſotten. Man kann auch in den Caſſerol
oder auf das Tuch, ehe es eingefüllt wird,
zur Zierde etwas herumlegen, nämlich von
Zibeben, Citronat, oder ein paar ſchöne
Eyerflädlein backen, aber nur ſchön gelb von
Dottern, ſolche wie einen Finger breit
ſchneiden, und damit das Tuch, wie ein
Gitter belegen.

Eine andere Gattung.

Der Reiß wird geſtoſen, wenn er zuvor
ſauber gewaſchen und getrocknet worden, in
der Milch gekocht, und wie obiger behandelt;
wenn die Hälfte davon in das Tuch gegoſ‐
ſen iſt, wird er mit etwas Eingemachtem über‐
legt, das übrige vollends darauf gegoſſen,
und

und damit wie mit obigem verfahren; man
kann auch von dem Eyerweiß etwas darzu
ſchlagen, aber den Schnee nicht ſtark ſchlagen. Dieſen Pudding kann man auch im
Backofen oder in der Tortenpfanne aufgezogen machen: man ſchmiert ein Caſſerol
mit Butter, belegt es mit einem mit Butter beſchmierten Papier aus, gießt die Maſſe
darein und zieht es ſchön gelb auf.

Ein Pudding von Wecken.

Es wird von 3 harten Wecken die Rinde abgeſchnitten, das andere auf dem Riebeiſen gerieben, ſolches wird nun in der
Milch dick gekocht, und mit 2 ganzen Eyern
und ohngefähr 10 Dottern wohl gerührt;
wann das Gekochte zuvor etwas erkaltet,
wird ohngefähr ein halber Schoppen ſüſſer
Rohn darzu gethan, nebſt etwas Zucker und
klein geſchnittenen Citronen, ſodann wird ein
Caſſerol (man kann es auch in ein Tuch
binden wie andere Pudding) oder ſonſt eine runde Form mit Butter beſchmiert, und
jenes darein gegoſſen, mit einem Tuch veſt
zugebunden, und im Waſſer gleich andern
Puddings geſotten. Die Soſe an alle dieſe
Puddings kann nach Belieben von Citronen, von Wein, Kirſchen, Hegen ꝛc. gemacht werden.

Ein

Ein Auflauf von Erdbiren.

Es werden ohngefähr 10 Erdbiren geſotten und gerieben, und in einer guten ſüſſen
Milch oder ſüſſem Rohn, wie ein Brey ge-
ſocht; hierauf wird ein halber Vierling
Butter ſamt dem erkalteten Brey und 8
Eyergelb wohl gerührt, nebſt etwas Zucker
und Citronen, das Eyerweiß wird zu Schnee
geſchlagen, eingefüllt und aufgezogen.

Carviol mit Citronenſaft oder Eſtra- goneßig gekocht.

Der Carviol wird wie ſonſten verwellet,
und eine gewöhnliche Butterbrühe daran
gemacht, alsdann wird entweder ein paar
Löffel voll Eſtragoneßig daran gethan, oder
Citronenſaft, bis es ſäuerlecht iſt; ehe man
es auf den Tiſch gibt, wird die Sos mit
ein paar Eyerdotter abgezogen.

Würſtlein, die ſehr gut zu einem Gemüß zu geben.

Es wird ein Stücklein Schweinen-
Fleiſch, welches ſaftig iſt, entweder die
Lendenbrätlein, oder vom ſogenannten ab-
gedeckten Hauſtück ohngefähr ein Pfund mit
einem Vierling von der inneren Fette, oder
ſogenanntem Schmeer recht ſcharf einge-
hackt; ferner wird von einem Kreuzer Milchbrod

brod die Rinde abgeſchnitten, das Innere
in einem halben Schoppen guter ſüſſer Milch
eingeweicht, alsdann wird das gehackte
Fleiſch nebſt dem Milchbrod unausgedruckt
mit 4 bis 5 Eyern wohl mit einander mit
der Hand, wie andere Bratwürſte, geſchafft,
wie auch ein Zwiebelein klein geſchnitten,
und im Butter verdämpft, Salz, Muſkatenblüthe, ein wenig Pfeffer darzu genommen und alles wohl unter einander gemacht;
hierauf wird es in Bratwürſtdärme eingefüllt, eines Fingerslang unterbunden, aber
nicht zu veſt, daß ſie nicht aufſpringen, alsdann im Waſſer und einer ſchlechten Milch
verwellet, bis ſie fertig ſind; endlich werden
ſie in einem Butter ein wenig gelb gemacht,
von einander geſchnitten, und auf den Tiſch
gegeben; man kann ſie auch im Waſſer oder
Milch 2 bis 3 Tage aufbehalten.

Citronen- oder PomeranzenAuflauf.

Es werden 2 Vierling Butter mit 12
Eyerdottern wohl gerührt, 2 Citronen auf
dem Zucker abgerieben, und auch darzu genommen, 2 Eßlöffel voll fein Mehl mit ſiedender Milch angebrühet, und mit 2 Eyern
glatt gerührt, wenn es nicht ſüß genug iſt,
wird noch Zucker darzu genommen; hierauf
werden 6 Eyerweiß zum Schaum geſchla-

gen,

gen, und darein gerührt, ſodann wird der
halbe Theil in das beliebige Geſchirr zum
Aufziehen gethan, und eine Citrone, wenn
das Weiſſe alles abgeſchält worden, zu dünnen Scheiblein geſchnitten, und darauf herum gelegt; die übrige Maſſe wird vollends
darauf langſam aufgezogen. So macht man
es auch von Pomeranzen, worzu auch eine
genug iſt; man kann auch das gebrühte
Taiglein kochen, wie ſonſten die gebrühten
Taige, aber ſehr glatt rühren.

Taubenheimiſches Muß.

Von 3 Wecken werden die Rinden abgeſchält, und in eine Schüſſel eingeſchnitten, wie zu einer Suppe; darauf wird ein
Vierling Butter geſchnitten, und ſo viel ſiedende Milch daran gegoſſen, als es anſchluk-
ken mag; wenn es etwas erkaltet, wird es
mit ohngefähr 10 Eyern angerührt, wovon
das meiſte Weiſſe zum Schnee geſchlagen wird,
und Zucker bis es ſüß genug iſt, darzu gethan; der halbe Theil oder auch mehr wird
ins Geſchirr, worinn es aufgezogen wird,
gethan, und mit etwas vom Eingemachten
überlegt, und vollends übergoſſen, und ſchön
aufgezogen; man kann auch Citronen, Zimmet und Citronat darein thun, und ungefüllt laſſen.

Einen

Einen Krebsbutter zu machen.

Die Krebſe werden mit Salz geſotten, die Schalen davon abgemacht, die Gallen oder Magen davon heraus gethan, und ſodann wird von den Krebſen alles was roth iſt, auch die Füſſe, genommen, nur der dicke Bauch wird weggeworfen, welcher einen üblen Geſchmack macht, und nichts zu der Farbe beyträgt; die Schalen werden alſo klein geſtoſen, und nach Proportion der Krebſe in einem guten Theil Butter wohl verdämpft; ferner wird etwas Fleiſchbrühe daran gegoſſen, womit man es ein wenig kochen läßt, und alsdann durchgepreßt. Will man eine Krebsſuppe davon machen, ſo wird, wenn die Krebſe gedämpft ſind, ſo viel Mehl daran gethan, als man glaubt, daß die Brühe etwas dicklecht davon wird; wenn es noch ein wenig gedämpft, wird gute Fleiſchbrühe daran gethan, und aufgeſotten, endlich durch ein Haartuch oder Haarſieb gegoſſen. Auf ſolche Weiſe kann man es zu einer Krebsſuppe gebrauchen, und entweder ſüſſen oder ſauren Rahn mit Eyerdottern legiren.

Pudding von Stockfiſch.

Wenn der Stockfiſch, wie gewöhnlich, gewäſſert und abgekocht worden, wird ein

Stück Butter nach Proportion der Stockfische gerührt, von einem paar Wecken oder
Milchbrode die Rinde abgeschnitten, auch
in Milch eingewaicht und ausgedruckt; dieses alles wird mit einigen Eyern, mit etwas Schalottenzwiebeln, einigen Löffeln
voll süssem Rohn wohl unter einander gerührt, und dann der Stockfisch mit etwas
Salz darein gerührt, eine Form mit Butter
geschmiert und mit geriebenem Brod gestreuet. Also kann man es in einer Tortenpfanne aufziehen, oder man bindet es in
ein Tuch, und siedet es im Wasser. Das
Tuch muß immer vorher, ehe man es ein-
füllt, mit Butter beschmiert werden. Es
kann auch mit ein wenig Mehl und Eyerdottern und Peterling eine Rohnsos daran gemacht werden.

Ein Kirschenmuß.

Es wird ein Wecken gewürfelt geschnitten, und in Milch eingewaicht; wenn er
waich ist, wird er ein wenig ausgedruckt,
und in eine Schüssel gethan, worinn man
einen halben Vierling Butter daran zergehen läßt; ferner werden 4 bis 5 Eyer verkleppert und an die Wecken gerührt, nebst
einer Handvoll Zucker, die Kirschen werden
darein gethan, und in einem Becken mit
siedenden Schmalz aufgezogen. Man kann
auch

auch ſtatt der Kirſchen entweder Aepfelſchnitzlein, die vorher ein wenig abgedämpft, oder
gewürfelt geſchnitten ſind, oder auch Quitten darein thun, mit Zucker und Zimmet
beſtreuen, und auf den Tiſch geben.

Spinat mit gerührten Eyern.

Dieſer wird auf die allgemeine Art gut
gekocht, nämlich, wenn der Spinat gebrühet, gewäſſert, ausgedruckt und nicht gar
zu klein gehackt iſt, werden in einem guten
Stück Butter 2 bis 3 Löffel voll Mehl,
nach dem Verhältniß des Spinats, klein
geſchnittene Zwiebelröhrlein abgerührt nur
bis es ſchaumt; der Spinat wird darein
gethan, langſam durchgedämpft, und mit
guter Fleiſchbrühe angerührt, bis es in der
gehörigen Dicke iſt, ſodann thut man Salz
und Muſkatenblüthe daran, und läßt es aufkochen; hierauf werden von Hefen- oder
Milchbrod-Taig ſogenannte Hefen-Wecklein
gemacht, welche man auch zuweilen vom
Backwerk übrig hat, von dieſen wird die
äuſſere Rinde ein wenig abgerieben, nicht
gar die Hälfte oben davon weggeſchnitten,
die innere Broſamen heraus gethan, ein paar
Eyer mit guter ſüſſer Milch verkleppert, die
Wecklein darinn eingeweicht, und mit dem
Löffel davon etlichemal übergoſſen, daß ſie
aller Orten waich werden; alsdann werden
ſie

ſie im Schmalz ſchön gelb heraus gebacken,
und mit ſogenannten gerührten Eyern gefüllt,
und auf dem Kraut herum geſetzt. Die
gerührte Eyer werden folgenderweiſe gemacht: Man verkleppert etliche Eyer mit
einem Löffelein voll dicken ſüſſen Rohn, thut
etwas Salz und ein wenig Schnittlauch
darunter, und läßt ein Stück Butter in einem meßingenen Pfännlein zergehen, thut
die Eyer darein, rührt ſie auf dem Feuer
um, bis ſie angezogen haben und zuſammen-
klumpen, jedoch daß ſie darzwiſchen noch
ſaftig ſeyen.

Gedämpfte Aepfel mit einem Guß.

Die Aepfel werden gekocht wie zu einem
Compot, daß ſie wohl eingekocht ſeyen,
und nicht viel Sos haben; alsdann werden
ſie auf der Platte, worauf ſie auf den Tiſch
gegeben werden, aufgeſetzt, daß ſie ſo veſt,
als es möglich, auf einander liegen; hierauf wird ein Vierling Mandeln zart geſtoſen, und mit ein paar Handvoll Zucker und
ein paar Eyerweiß nebſt geſchnittenen Citronen wohl gerührt; ferner werden noch ohngefähr 4 bis 5 Eyerweiß zum Schnee geſchlagen, unter die Eyer gerührt, und auf
den Aepfeln herum gethan; man ſetzt ſolche
auf eine nicht gar zu heiſe Kohle, und legt
einen Ring von Blech auf die Platte, da
ſie

ſie alsdann mit einem Deckel mit Kohlen,
oder in dem Backofen in der Tortenpfanne,
in welchem Fall man keinen Ring nöthig
hat, aufgezogen werden; die Platte muß
entweder von gutem Porcellan oder von
Blech ſeyn; man kann es auch in einem
Becken machen. Wenn der Mandelguß
aufgeſetzt iſt, muß er oben wohl mit Zucker
beſtreuet werden.

Ein Gemüß von Erdbiren.

Wenn die Erdbiren geſotten, werden ſie
zu Rädlein geſchnitten, alsdann werden einige Zwiebelen und Peterling im Butter
verdämpft, Häring klein geſchnitten, etliche
Eyer verkleppert, mit Milch verdünnert, die
Erdbiren ſamt den andern darein gerührt,
eine Kachel mit ſiedend Schmalz gemacht,
jenes darein gethan und aufgezogen. Salz
und etwas Pfeffer iſt auch nicht zu vergeſſen.

Ein Gericht von Prießlen.

Es werden 3 bis 4 paar Prießlen geſotten, und klein gehackt; hierauf wird ein
Vierling Speck klein geſchnitten, auch einige Schalotten und einige andere Zwiebel, dieſes wird mit einem Stücklein Butter verdämpft; wenn es wohl angezogen
hat, wird ein Ey daran geſchlagen und umgerührt, bis es angezogen hat, und dann
wird

wird es zu den Ptießlen gerührt, nebſt noch
ein paar Eyern und ohngefähr 4 Dottern,
Salz und Muſkatenblüthe, auch etwas guter Fleiſchbrühe; ferner wird ein Geſchirr mit
Butter geſchmiert, und auf den Boden auch
ein Papier mit Butter geſchmiert, das An-
gerührte darein gethan, und im Backofen
fertig gemacht, und dann wird eine braune
Sos daran gemacht. So kann man es
auch von kaltem Braten machen, auch von
Wildprett, da man ein hartes Ey ſieden,
und verſchnitzlen kann, auch Piſtacien dazu
nehmen, damit es ſchön ins Auge falle;
alsdann kann man es kalt eſſen. Man
kann auch ein Kalbsnetz nehmen, und das
Gehackte darein thun, wie eine dicke Wurſt
förmiren, dann ſieden, und entweder präg-
len, oder warm auf den Tiſch geben, oder
ſo laſſen und kalt eſſen, wenn es im Waſſer
und Wein, mit etwas Gewürz und Lorbee-
ren geſotten wird.

Gefüllte Grundbiren.

Zu dieſen werden groſe runde Erdbiren
genommen, wenn ſie nicht ſchön rund ſind,
macht man ſie vollends zurechte, höhlt ſie
aus, ſo gut man kann, ſchneidet ſie auſſen
der Länge nach ein wenig aus, als wenn
ſie gekritzt wären, und füllet ſie mit einem
Ragout oder auch mit folgender Fülle; —

Ein

Ein paar Eyer werden im Schmalz gebak-
ken, so daß sie nicht braun werden, ein
Zwiebelein wird klein geschnitten, und in
einem Stücklein Butter verdämpft, ein
Stücklein Häring klein gehackt, auch die
Eyer werden zerhackt, und ein paar Löffelvoll gerieben Milchbrod darzu gethan: dieses alles wird mit ein wenig Pfeffer unter
einander gemacht, und entweder mit süssem
oder saurem Rohn nebst einem Eyergelb angerührt, die Grundbiren damit gefüllt, ein
gut Stück Butter in eine Kachel gethan,
wenn solcher vergangen, etwas Fleischbrühe
darzu genommen, die Grundbiren darein
gesetzt, und wohl zugedeckt; da man sie an-
einander dän ssen läßt, bis sie waich sind.
Und dann kann man eine Buttersos mit
Eyergelb daran machen.

Gefüllte Kohlraben.

Diese werden wie obige Grundbiren zurechte gemacht, und im Salzwasser nicht
gar zu waich gesotten; hierauf wird eine
gute Buttersos gemacht, worinnen die Kohlraben, bis sie ihre gehörige Waiche haben,
ausgekocht werden, indessen wird ein andres
Gemüß zurecht gekocht, entweder Brockelerbsen, oder klein geschnittene Kohlraben,
oder ein klein gekochtes Spargelngemüß,
oder auch Carviol, der zu kleinen Schnittlein

lein geſchnitten wird: von dieſem oder jenem
werden die Kohlraben ausgefüllt, auf die
Platte geſetzt und die Butterſos daran gegeben.

Gefüllte weiſſe Rüben.

Dieſe werden auf die nämliche Art, wie
obenbeſchriebene Kohlraben, behandelt.

Ein Pudding gebacken oder geſotten.

Es wird von 2 Kreuzerwecken die Rinde
abgeſchält und gewürfelt geſchnitten, ſo viel
gute ſüſſe Milch daran gegoſſen, daß die
Wecken nur waich werden können; und endlich auf dem Feuer abgekocht, wie ein ge-
brüheter Taig; alsdann wird ein Vierling
Butter mit 6 Eyerdottern wohl abgerührt,
wenn der Wecken erkaltet, darein gerührt,
und Zucker, Zimmet und Citronen darzu gethan; wenn es wohl abgerührt iſt, wird
das Weiſſe zum Schnee geſchlagen, darein
gerührt und gebacken, auch nach Belieben
eine Sos daran gemacht. Will man es
aber ſieden, ſo wird der Butter nicht gerührt, ſondern wenn der Wecken abgekocht
iſt, wird der Butter, dieweil es noch warm
iſt, darein gerührt, ſo es vom Feuer abgethan iſt, und 4 ganze Eyer nebſt 2 Dottern, dann Zucker, Zimmet, und nach Belieben Roſinlein, auch Citronat und Pome-
ran-

ranzenſchalen darzu gethan; ein Tuch wird
mit Butter beſchmiert, in die Mitte des
Tuchs etwas zur Zierrath gelegt von Zibeben, Roſinlein, Citronat, Piſtacien und
dergl. Das Tuch wird veſt zugebunden,
und im Waſſer etliche Stunden lang geſotten, und dann eine Sos nach Belieben daran gemacht.

Ein aufgezogen Gemüß mit Einge-
machtem.

Man läßt einen Vierling Butter vergehen, und rührt 4 Löffel voll fein Mehl, mit
einer halben Maas ſüſſen Rohn an, läßt
ſolches mit dem Butter unter beſtändigem
Umrühren über dem Feuer kochen, bis es
ein dicker Brey iſt; wenn es kalt iſt, wird
es mit 6 Eyerdottern angerührt, und ein wenig Zucker darein gerührt; hierauf werden
von einem guten Taig 4 Stück dünne Ome-
letts gebacken, ſo groß das Geſchirr iſt,
worein man das Aufgezogene machen will,
dieſes wird mit einem Butter geſchmiert,
und von dem Angerührten der Boden begoſſen, alsdann ein Omelett darauf gemacht,
und mit etwas Eingemachtem belegt, ſodann wieder ein Omelett darauf und auf
dieſen wieder von dem Angerührten; wenn
man will, kann man wieder Omelette darauf thun, und wie obbemeldt machen; wenn

G   als-

alsdann wieder Taig darauf kommt, wird
es aufgezogen.

Krebsauflauf mit Mandeln.

Es wird wie schon öfters gemeldet,
Krebsbutter gemacht, wenn dieser ausgepreßt ist, wird an die Schale etwas Milch
gegossen, da man es einigemal aufsieden
läßt; die Krebsschale wird wieder ausgepreßt, das Weiße von einem Milchbrod
darein geweicht, eine gute Handvoll Mandeln zart gestosen, der Krebsbutter (welches
ohngefähr 6 Loth seyn mag,) mit 5 Eyergelb wohl gerührt, endlich die Mandeln
auch mit gerührt, das Milchbrod nicht gar
zu vest ausgedruckt, und auch darein gerührt,
das Eyerweiß zum Schnee geschlagen, und
die Krebsschwänze zu Stücklein geschnitten.
Dieses alles wird mit etwas Salz und ein
wenig Zucker unter einander gerührt, eine
Schüssel mit dem übrigen Krebsbutter geschmiert, und aufgezogen; will man es süß
haben, so nimmt man etwas mehr Zucker;
man kann diese Masse auch in Mödelein, mit
Buttertaig ausgelegt, füllen und als Pastetlein geben.

Eine Milchspeise.

Man macht einen gebrühten Taig von
Milch und Mehl, wie gewöhnlich, rührt
den-

denſelben mit Eyern ab; dem Taig kann
man einen Geſchmack geben, wie man will;
man kann hernach in der Milch Citronen, Zimmet, Pomeranzen, Vanillen, ꝛc. abſieden, hernach macht man auf dem Nudelnbrett ganz
kleine Wärgelein oder Kügelein wie groſe
Erbſen, backt ſie im Schmalz, macht eine
Sos darüber von Milch und etwas Eyergelb
und giebt ihm den nämlichen Geſchmack,
den der Taig hat.

Ein Ochſenmaul zu backen.

Man nimmt 2 Handvoll Mehl, warmen Wein und ſiedend Schmalz, ſo groß
wie ein Ey, rührt es wohl unter einander
und ſchlägt einen Schnee von 3 Eyern darein; das Ochſenmaul wird im Preß auf
vornen bemeldte Weiſe geſotten, und zu
Stücklein geſchnitten, in der Serviette abgetrocknet, im Taig herumgeſchüttelt, und
Stückleinweis im Schmalz gebacken; es
kann auf zerſchiedenes Gemüß gelegt werden.
In dem nämlichen Taig können auch
Kalbsfüſe und noch andere Sorten von
Kalbfleiſch gebacken werden, ſo auch der
Holder, nur daß er im Schmalz über dem
Feuer recht ausgeſchüttelt werden muß.

Ein

Ein Auflauf von Citronen.

Schneide von ein paar Wecken oder
Milchbrod die äuſſere Rinde ab, das Innere ſchneide zu kleinen Stücklein; ſind die
Wecken groß, ſo kann man nur anderthalb
nehmen, ſchütte Milch daran, daß es darüber geht, laß es ein paar Stunden ſtehen,
ſetze es auf das Feuer, rühre es bis es warm
iſt, thue ein kleines Stücklein Butter und
einen Löffel voll feines Mehl darzu, das
Feuer darf nicht zu ſtark ſeyn, rühre es beſtändig und laß es veſt einkochen; zerkleppere
3 Eyer, ſetze den Brey hinweg, rühre die
Eyer daran, rühre ſie um, ſetze es wieder
auf das Feuer, bis der Taig wiederum veſt
iſt, und laß es erkalten; rühre einen Vierling Butter, reibe von 2 Citronen das Gelbe ab, thue die gekochte Maſſe in den Butter, rühre nach und nach 4 ganze Eyer und
6 Dotter dazu, und zwar eine Stunde
lang, alsdann thue noch etwas Zucker darzu, aber daß es nicht zu ſüß werde; mache
einen Ranft von dem Taig um die Schüſſel, worein man es auftragen will, richte
das Angerichtete darein, ſtreiche es oben
mit dem Meſſer glatt, ſtreue es noch mit
etwas Zucker, backe es in einem Ofen, der
nicht zu heiß iſt, ſondern worinnen man erſt
gebacken hat, es darf bey 5 Viertel Stund
im

im Ofen ſtehen; man kann auch noch einen
Raif von Papier um den untern Raif machen, weil vermuthlich der Auflauf höher
wird, als der Ranft iſt; endlich thut man
den Papierrand weg, und gibt es auf die
Tafel.

Grün gekochte Zwetſchgen.

Man waſcht die Zwetſchgen in eine
Stollkachel, macht ein wenig ſiedend
Schmalz darüber, thut eine kleine Handvoll Zucker und etwas Zimmet dazu, deckt
ſie wohl zu, läßt ſie auf einer langſamen
Kohle dämpfen, und ſchüttelt ſie ein paarmal um; wenn ſie gar zu viele Sos bekommen, und die Zwetſchgen ſchon ganz
waich ſind, wird die Sos abgegoſſen, etwas dicklecht eingekocht, und alsdann wieder an die Zwetſchgen gegoſſen; es kann
aber geſchehen, daß die Sos ſamt den
Zwetſchgen zu einem dicklechten Syrup ein-
kocht, und mit einander fertig ſind; man
kann ſie alsdann über Weckenſchnitten, im
Schmalz gebacken, anrichten, oder zu
Kalbsbraten oder allgemeinen Plätzlein auf
den Tiſch geben.

Gerührte Eyer mit Spargeln.

Man brockle die Spargeln ab, ſo weit ſie
gut und grün ſind, ſiede ſie im Waſſer mit
Salz ab, aber nicht gar zu lind, ſchneide
ſie kleingewürfelt in ein Caſſerol, mit einem

Stück

Stück Butter, fein geſchnittenem Peterling, Salz und Pfeffer, und laſſe ſie auf dem Feuer dämpfen; hierauf ſchlage Eyer mit ſüſſem Rohn recht ab, ſo viel man vonnöthen hat, und richte ſie zur Tafel gleichwie die andern gerührten Eyer.

Eingeſetzte Eyer mit Parmeſankäſe.

Man ſtreue unten in den Topf ein wenig geriebenen Parmeſankäß, bröcke ein wenig friſchen Butter darein, ein paar Löffel voll ſauren Rohn, Salz, ein wenig Pfeffer, ſchlage hernach die Eyer hinein, ſalze die Eyer und thue Pfeffer, wie auch ein wenig Muſkatennuß hinzu, bröcke ein wenig friſchen Butter darauf, ein paar Löffel voll ſauren Rohn, ein wenig fein geſchnittenen Peterling, und Semmelmehl, auch einen geriebenen Parmeſankäß, ſetze es hernach in Ofen, und laß es eine leichte Farbe bekommen, die Eyer müſſen aber nicht gar hart werden. Dieſe Eyer können auch gemacht werden ohne Käſe auf die nämliche Manier; ſie werden auch gemacht, mit Pickelhäring, oder auch mit Sardellen.

Einen Kranz oder Gallerie um eine Schüſſel zu machen: nämlich um Gemüſer, Ragouts oder Fiſche.

Von einem guten Buttertaig werden folgende Formen ausgeſchnitten, nämlich Küchlein etwas gröſer als ein Thaler; dieſe werden

den

den mit Eyergelb überſtrichen, und immer
auf die Hälfte auf einander gelegt, entweder
in einer Rundung oder langlecht nach der
Schüſſel formiret, ſo kann man es auch wie
ſchon gemeldet von Mitſchelen machen; oder
man kann unten ſtehende Form von Papier
ausſchneiden, oder von Blech machen laſſen,
zum Ausſtechen, ſolche mit einem Ey be-
ſtreichen, und auf einem Blech backen, hernach einen Zucker kochen, bis er ſpinnt;
dieſe Stücke auf der Platte, die gebraucht
wird, auf den Ranft aufrecht ankleben,
und an einander hinſetzen, daß es wie eine
Gallerie iſt: alsdann kann man darein anrichten, was man will.

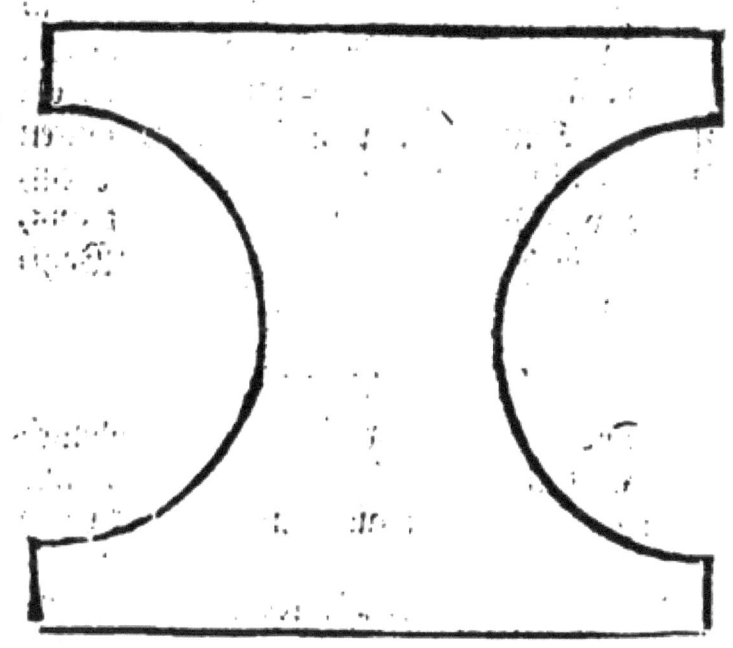

Pasteten.

Einen mürben Taig zu Pasteten zu machen.

Zu dem mürben Taig nimmt man zwey Pfund Mehl, anderthalb Pfund Butter, 2 ganze Eyer und 4 Dotter, ein wenig Salz, macht es mit einem Hackmesser unter einander, nimmt hernach einen sauren Rohn und macht den Taig damit an, aber nicht zu lind. Von diesem Taig kann man auch die Castrol- oder Sturz-Pasteten machen: will man aber den Taig nicht so fein haben, so nehme zu 2 Pfund Mehl nur ein Pfund Butter; hat man keinen sauren Rohn, nimmt man ein Glas weissen Wein, und etwas Wasser, er fällt auch gut aus, und macht hernach die Pasteten nach Wohlgefallen.

SpargelPastetlein.

Die Spargeln werden wie gewöhnlich zum Kochen mit Salzwasser verwellt, nur nicht gar zu waich; alsdann wird das Gute so lang als ein Glaich (Gelenk) davon geschnitten, ein Stück Butter wird in einem

Casse-

Casserol oder Stollkächelein zerlassen, ein
wenig Semmelmehl und sehr wenig rechtes
Mehl, nebst ein paar klein zerschnittenen
Schalottenzwiebelein abgeröstet, nur bis es
anfangt zu schaumen; ferner wird es mit
einem Löffel voll guter Fleischbrühe angefüllt,
und die Spargeln nebst Salz und Muskatenblüthe darein gethan. Man läßt es hernach auf einem kleinen Kohlfeuer ein wenig
an einander kochen, verkleppert einen Löffel
voll süssen Rohn mit ein oder 2 Eyergelb,
je nachdem es viel oder wenig ist, an einander, setzt die Spargeln von dem Feuer weg,
und rührt den Eyergelb ganz subtil daran,
druckt sodann etwas Citronensaft daran.
Man kann auch Euterlen, Prießlen oder Hünermäglein klein darunter schneiden, oder
auch statt des rechten Butters Krebsbutter
nehmen, und die Schwänze von den Kreb-
sen darunter schneiden. Endlich werden die
Pastetenmödelein wie gewöhnlich mit Buttertaig ausbelegt, davon ausgefüllt, und ein
Deckel darauf gemacht: sodann mit einem
Ey bestrichen, und im Backofen gebacken.

Pasteten mit Carviol

werden wie obige gemacht, nur daß statt der
Spargeln Carviol genommen wird.

G 5

Pastetlein mit Brockelerbsen

werden ebenfalls auf die nämliche Art gemacht, nur daß statt der Spargeln oder statt
des Carviols Brockelerbsen genommen werden.

Schunkenpastetlein.

Ein Vierling Reiß wird wohl gewaschen, und mit guter Milch langsam gekocht,
so daß der Reiß nicht gar zu arg verkocht,
und doch waich ist; hierauf wird nicht gar
ein Vierling Butter mit 4 Eyergelb wohl
gerührt, der Reiß, wenn er zuvor wie ein
dicker Brey eingekocht und erkaltet ist, darein gerührt, nebst ein paar Handvoll ganz
klein geschnittenen Schunken, von welchem
auch etwas Weisses darunter geschnitten seyn
darf, noch ein wenig Salz und Muskatennuß hinzugethan, das Weisse zum Schnee
geschlagen, und darein gerührt, vielleicht
aber ist es, wenn es grose Eyer sind, nicht
nöthig das Weisse alles zu nehmen: endlich
werden Pastetenmödelein, davon die flachen
die besten sind, mit dünn ausgewelltem Buttertaig ausbelegt, mit obigem Taig ganz
voll gefüllt, oben mit geriebenem Milchbrod
oder Wecken bestreuet und im Backofen gebacken. Man kann auch diese Masse in Mödelein, mit Butter beschmiert, und Mut-
scheln-

schelnmehl bestreut, ohne Buttertaig einfüllen; hingegen recht langsam backen, sonst fallen sie wiederum zusammen.

Grießmehlpastetlein.

Diese werden auf die nämliche Art gemacht, nur daß statt des Reißbreyes ein Grießbrey gekocht wird. So kann man auch Schunken darein rühren, und wie obige behandeln; man kann auch klein geschnittene Prießlen und Euterlen in Ermanglung der Schunken nehmen.

Austernpastetlein.

Es werden flache Mödelein, wie gewöhnlich, mit Buttertaig ausbelegt; ferner wird eine große oder zwo kleine Austern, wenn sie zuvor geputzt sind, samt der Sos darauf gethan, und ein wenig Pfeffer, etwas Citronensaft, auch ein halber Eßlöffel voll zerlassener Butter; hernach wird von Milchbrod die äussere Rinde, in Ermanglung derselben auch Wecken abgerieben; die Pastetlein werden etwas wohl damit überstreuet, und schnell gebacken; alsdann mit Citronen auf den Tisch gegeben.

Krebspastetlein.

Wenn die Krebse abgesotten, ausgemacht und gestosen sind, werden sie im Butter

ter geröſtet, und wie gewöhnlich ein Krebsbutter daraus gemacht; wenn ſie alſo durch
ein Tuch gepreßt ſind, werden die Krebsſchalen mit nicht gar einem Schöpplein
Milch abgeſotten, und durchgepreßt: ferner
wird der Ragout wie folgt gemacht: es werden Kalbsprießlen, Hünermäglein, Leberlein,
und dergl. und etwas Morcheln, nebſt den
Krebsſchwänzen, auch etliche Schalottenzwiebeln und Peterling klein geſchnitten, iſt
ein paar Löffel voll Krebsbutter abgedämpft,
das Geſchnittene darein gethan, und von der
Krebsmilch daran geſchüttet, bis es wohl
ſaftig iſt; alsdann werden an den übrigen
Krebsbutter, wenn er zerlaſſen iſt, 3 bis 4
Eyer geſchlagen, wohl verrührt, und mit
der Krebsmilch angefüllt, welche man zwar
nicht ganz brauchen wird; endlich werden
von dieſer Krebsmilch die Mödelein nicht gar
aufgefüllt, und in einem Backofen langſam
gebacken. Wenn man etwa 12 Paſtetlein
will, können 15 bis 20 Krebſe gebraucht
werden.

Hefen Paſtetlein.

Sie werden auf die vorhergehende Art gemacht, nur daß ſtatt des Buttertaigs die
Mödelein mit Hefentäig ausbelegt, und
auf folgende Art gemacht werden: Es muß
nämlich etwas mehr Krebsbutter und Krebsmilch

milch gemacht werden; man nimmt also
ohngefähr einen halben Vierling Krebsbutter, man kann auch etwas weiter nehmen,
2 bis 3 Eyergelb, ohngefähr anderthalb
Vierling Mehl nach dem Gewicht, ein wenig Salz, einen Löffel voll Bierhefen; alsdann wird von der Krebsmilch vollends in
der Dicke zurecht gemacht, der Taig völlig
Messerrucken dick auf dem Backbrett ausgewellt, die Mödelein, welche tief seyn müssen,
mit Krebsbutter ausgestrichen, mit dem
Taig ausbelegt, und dann mit obigem Ragout nicht gar vollgefüllt, der Ragout darf
aber nicht zu heiß und nicht zu kalt seyn;
man stellt sie in eine temperirte Wärme bis
sie etwas gegangen, füllt sie alsdann wie
obbemeldte Pastetlein von der Krebsmilch
mit Eyern vollends auf und backt sie im
Backofen. Beede Arten Pastetlein kann
man auch, ohne Krebse, auf diese Art machen.

Eine Sturzpastete zu machen.

Es wird ein rechter oder aufgeriebener
Buttertaig gemacht, darzu wird eine runde
Form genommen, die etwas tief ist, diese
wird sehr wohl mit Butter ausgestrichen;
wenn der Buttertaig ausgewellt ist, werden
Riemen mit dem Backrädlein geschnitten,
etliche davon über das Kreuz in den Model
ge-

gelegt, oder sonst eine Zierrath von dem
Buttertaig auf den Boden gelegt; hierauf
wird der Model durchaus von dem Buttertaig ausgelegt, und mit nachfolgendem Farse
Fingersdick ausgedruckt: Man nimmt ein
Stück gut Kalbfleisch, ein Stücklein Rindsmark, ein Stücklein Nierenfett, welches
sehr klein gehackt werden muß, ein Stücklein Wecken in der Milch eingeweicht, ein
klein geschnitten Zwiebelein in dem Butter
gedämpft; dieses alles wird unter einander
mit etlichen Eyern angerührt, der Fars
muß eben in der Dicke seyn, daß er sich
an den Buttertaig hindrucken läßt; etwas
Salz, Pfeffer, Citronensaft, auch geschnittene Citronen sind nicht zu vergessen, wer
will, kann auch etwas Cappern darein
thun; wenn nun der Model Fingersdick mit
dem Farse ausgelegt ist, so wird er mit einem
selbstbeliebigen Ragout ausgefüllt, wovon
nur etwas weniges von der Sos darzu genommen wird; sodann wird der Ragout
wieder mit dem Farse zugedeckt, und dann
mit einem Deckel von Buttertaig zugedeckt,
man kann auch auf den Fars oben etliche
Stücklein Butter legen: alsdann wird es
langsam im Backofen gebacken. Wenn sie
aus dem Ofen kommt, wird sie auf die
Platte umgestürzt, und auf den Tisch ge-

geben,

geben, die übrige Sos von dem Ragout wird auch besonders auf den Tisch gegeben.

Fasten Pastetlein.

Es wird ohngefähr ein halber Schoppen Milch siedend gemacht, und darein ein fein Mehl gerührt, wie zu einem gebrühten Taig; wenn er ganz glatt ist, wird ohngefähr ein Vierling Ochsen- oder Rindsmark ganz klein geschnitten, und ohne Feuer ganz warm in den Taig gerührt; alsdann in eine Schüssel gethan, und vollends mit ohngefähr 4 bis 5 Eyern angerührt, daß er in der Dicke ist, wie ein gebrühter oder ein dicker Spätzleinstaig, Salz nach Gutdünken; hierauf werden Mödelein mit Butter geschmiert, ein Löffel voll darein gethan; im Backofen langsam gebacken, und warm auf den Tisch gegeben.

Gerührte Pastetlein.

Ein halb Pfund Butter wird gerührt mit 9 oder 10 Eyerdottern, von 3 Kreuzerwecken die Rinde abgeschnitten, und ganz dünne Schnittlein daraus geschnitten, welche mit Milch angebrüht werden, bis sie die Wecken angezogen, worauf man sie erkalten läßt; der Wecken wird mit dem Butter gerührt, das Weisse zum Schnee geschlagen,

gen, und Salz nach Gutdünken darein gethan; sollte es zu viel Wecken seyn, kann
man etwas davon weglassen, je nachdem
die Wecken groß sind; hierauf wird ein
Ragout gemacht von Prießlen, Morcheln
oder was man will, die Mödelein werden
mit Butter geschmiert, ein Löffelvoll von
dem Taig darein gethan, dann ein Löffelvoll Ragout und wieder mit dem Taig bedeckt, und in einer langsamen Hitze gebacken.

Süß gefüllte Pastetlein.

Es wird der nämliche Taig gemacht,
wie oben stehet, nur statt des Salzes muß
Zucker in den Taig genommen werden;
hierauf wird er mit etwas Eingemachtes gefüllt, und dann statt der Torten zu den
warmen Speisen gegeben. So kann man
auch eine Art Auflauf davon machen, und
in ein Geschirr thun, und statt eines Ge-
müses geben, süß oder mit Ragout ausgefüllt.

Eine WeckenPastete.

Es werden 2 oder 3 Kreuzerwecken,
wenn sie klein zu gewürfelten Stücklein geschnitten worden, ferner ohngefähr 8 Eyer
mit einem halben Schoppen guter süsser
Milch wohl unter einander gerührt, hernach
an

an die Wecken gegossen, nebst einem in der
Gröse eines Eyes zerlassenen Stücklein Butter, Salz wird nach Gutdünken hinzu gethan; wenn es ein wenig an einander gestanden, wird in einer flachen Schüssel von
Blech, Porcellan, oder in einem runden
Becken Schmalz siedend gemacht, der halbe Theil von den Wecken darein gethan,
auf dieß wird ein gekochter Ragout herum
gethan, entweder von Prießlen, Euterlen,
Morcheln, oder kalten Braten, auch Krebsragout, je nach Belieben; alsdann wird
es mit dem übrigen Wecken bedeckt, noch
etwas siedend Schmalz darauf gegeben,
und in der Tortenpfanne oder dem Backofen schön gelb gebacken; wenn es eine flache Schüssel ist, sieht es auch gut, wenn
man einen Ranft von Taig in die Schüssel
macht, wie schon bemeldt.

**Ein Buttertaig zu einer kalten Pastete,
auch zu einem Ranft um Schüsseln.**

Es wird ein gewöhnliches Mehl auf das
Backbrett gethan, in die Mitte ein Loch gemacht, und der Taig mit siedendem Wasser, auch einem Stücklein Butter, so aber
nicht viel seyn darf, nach und nach angemacht, so daß er nicht zu waich werde.
Will man davon einen Ranft auf eine

H   Schüs-

Schüssel machen, so wird er wohl steif und
vest gemacht; hierauf wärgelt man ihn aus,
macht einen dicken Riemen, schmiert mit
dem Eyerweiß den Ranst der Schüssel, legt
den Riemen darauf, treibt ihn mit dem
Finger in die Höhe, so hoch man ihn
braucht, drückt ihn nach Belieben, daß er
artig aussiehet, bestreicht den Ranst mit
dem Eyerdotter, und läßt ihn in der Tortenpfanne oder im Backofen hart werden.
In diesem Ranst kann man alle Speisen
aufziehen und auf den Tisch geben.

Ein Reißknopf, welchen man trocken auf den Tisch geben kann, statt eines Zwischengerichts.

Es wird ein guter halber Vierling Reiß
in der Milch gekocht, wenn es erkaltet,
wird ein guter halber Vierling Butter mit
4 bis 5 Eyerdottern gerührt, alsdann das
Reiß darzu genommen, nebst etwas Zucker
und Citronen, wie auch Citronat und Po-
meranzenschalen; wenn es noch ein wenig
gerührt ist, werden etwas Zibeben und Rosinlen darein gethan, das Eyerweiß zum
Schnee geschlagen, darein gerührt, wird
aber vermuthlich nicht ganz gebraucht werden, wenn man will, kann man auch Zimmet darein thun; hierauf mache einen auf-
ge-

geriebenen Taig, nimm ein halbes Pfund
Mehl, einen Vierling Butter, ein Ey und
ein wenig Salz; wenn der Taig wohl ge-
schafft ist, wird er Messerruckendick völlig
ausgewellet, ein Casserol oder sonst runde
Form mit Butter bestrichen und mit Mutschelnmehl bestreuet; zuvor aber werden von
dem Taig kleine Riemlein mit dem Küch-
leinsrädlein geschnitten, davon ein † oder
sonst ein Zierrath in die Form gelegt, die
Form ganz mit dem Taig ausbelegt, die
Masse darein gegossen, ein Deckel darauf
von dem Taig gethan und in dem Backofen langsam gebacken.

Ein Abendgericht von Milchbrod.

Man nimmt 2 Milchbrode, schält sie
rein ab, und legt sie in süsse Milch, worinnen ein Ey mit ein wenig Zucker verkleppert
wird; darnach legt man es auf ein Brett
zum Ablauffen, und wälzt es im Mutschelnmehl herum, und backt es auf beyden Seiten im Schmalz, verschneidet es zu vier
Theilen und backt es wieder; hierauf stoßt
man eine Handvoll Mandeln fein, rühret
sie von Zwetschgen und Hagenbutzenbrühe
siedend an, legt ein Stücklein Zucker hinein, läßt es ein wenig sieden, und richtet es
über die Wecken an, so ist es fertig.

Gebackene Spargeln, welche anſtatt der Paſtetlein oder als ein Zwiſchengericht gegeben werden können.

Hierzu muß man ſehr dicke Spargeln nehmen, man ſchneidet ſie unten ſchön gleich ab, daß ſie mit dem Weiſſen nicht zu kurz und nicht zu lang ſind, brühet ſie im Salzwaſſer, aber nicht zu waich, läßt ſie auf einem Tuch wohl ablauffen; hierauf nimmt man etwas fein Mehl, rührt es mit guter Milch dick an, ſchlägt ein paar Eyer und eben ſo viel Dotter dazu, daß der Taig nicht zu dick und nicht zu dünne iſt.

Oder man nimmt fein Mehl, macht es mit weiſſem lauem Bier an, thut ſehr wenig ſiedend Schmalz und ein paar Eyerweiß, zum Schnee geſchlagen, hinzu; der Taig muß ſo in der Dicke ſeyn, daß er ſich an den Spargeln hält, und nicht gar zu dick iſt.

Man tunkt die Spargeln bis an das Weiſſe in den Taig, und backt ſie ſchön gelb im Schmalz, man kann auch einen gebrüheten Taig zu dieſem Gebrauch machen, der Taig muß etwas geſalzen werden. Man gibt ſie trocken auf den Tiſch, und wer ſie ſüß liebt, nimmt etwas Zucker dazu.

———————————

Soſen,

Sosen (Sauces), Fische, Ragouts ꝛc.

Sosen.

Eine braune Sos mit Senf.

Es wird mit einem Stück Butter ein paar Löffel voll Mehl gelb gemacht, worinnen etwas klein geschnittene Zwiebeln gedämpft werden, alsdann werden etliche Löffel voll Senf darzu gethan, auch etwas geschnittene Citronen, mit Citronensaft; dieses wird mit Fleischbrühe aufgefüllt, und etwas von gutem Eßig und ein wenig gebranntem Zukker hinzu gethan; wenn es nun an einander gekocht hat, so ist die Sos fertig.

Eine gelbe SenfSos.

Es wird ein Stücklein Butter, ein paar Eyerdotter, ein wenig Eßig, ein paar Löffel voll Senf, etwas geschnittene Citronen, ein wenig Zucker in einem Casserol unter einander gemacht, und mit guter Fleischbrühe angerührt; wenn es nun unter beständigem

Um-

Umrühren auf einem Kohlfeuer angezogen
hat, ist sie fertig; man thut aber auch noch
ein wenig Salz daran.   Die nämliche Sos
kann man auch mit Cappern machen, nur
daß statt des Senfs Cappern genommen
werden.

Weisse Schalotten-Sos.

Ein Stück Butter, ein Löffelvoll Mehl,
eine gute Portion klein geschnittene Schalotten, werden unter einander gemacht, mit
guter Fleischbrühe angerührt, und ein wenig
Eßig, auch etwas Salz hinzu gethan: wenn
es gekocht hat, ist die Sos fertig.   Man
kann sie an alles Fleischwerk brauchen, wenn
man will, auch Morcheln, Citronen, Prießlen, Trüffel, und allerley darein thun, auch
zerhackte Eyer oder was man will.

Rohn-Sos, welche auch gut am Stockfisch ist.

Ein Stück Butter, das aber nicht zu
viel seyn dárf,   wird mit ein wenig Mehl,
einem paar Eyerdottern und gutem süssen
Rohn angerührt, etwas geschnittener Peterling, welcher zuvor im Wasser aufgekocht
worden, etwas Salz und Muskaten darzu
gethan und dann vollends mit süssem Rohn
auf dem Kohlfeuer angerührt, bis sie fertig
ist.   Je nachdem man sie zu Fischen oder
Fisch-

Fischpastetlein will, kann man auch klein
geschnittene Schalotten darzu thun; will
man sie zu Fischen, Forellen, oder Hechten
geben, so kann man auch etwas von der
Fischbrühe darzu nehmen.

Sauerampfer-Sos.

Man nehme einige Handvoll Sauerampfer, wasche ihn wohl, hacke ein paar
durch und lasse ihn in einem gedeckten Topf
in seiner eigenen Brühe gar schwizen, knete
alsdann ein Stück ausgewaschenen Butter,
ein wenig Mehl, ein paar Eyerdotter zusammen in einer Pfanne durch, und thue
den Sauerampfer mit seiner Brühe darzu,
und giesse, so er nicht Nasses genug bey sich
haben möchte, ein wenig Wasser oder Fleischbrühe darzu, thue auch ein wenig Salz,
Zucker und Muskatenblumen daran, und
rühre es dann zu einer schaumigen Brühe
ab, so ist die Sos recht.

Eine Castanien-Sos.

Von den Castanien wird die äussere
Haut abgeschält, und jene in dem Wasser
gesotten, daß sie nicht gar zu waich werden, auch muß man ziemlich Wasser nehmen, daß sie weiß bleiben; alsdann werden
sie geschält und auf dem Riebeisen gerieben,
einige davon läßt man ganz, nimmt ein

Stück

Stück Butter, läßt solches in einem Casserol oder anderm Geschirr zergehen, röstet
ein Löffelein voll Mehl darein, aber nicht
gelb, nur bis es schäumt; gießt es mit guter Fleischbrühe an, thut ein wenig Muskatenblüthe darzu, nebst den geriebenen Castanien, und läßt es sieden; vor dem Anrichten kann man die ganze Castanien darein
thun. Und so kann man diese Sos über
junge Hühner, welche zuvor abgesotten,
oder ein wenig abgedämpft, aber ja nicht
gelb sind, anrichten: man kann auch Kalbfleisch schön weiß absieden, und solche
Sos darüber anrichten; man kann auch die
Hühner ganz lassen, wenn sie gut dressirt
sind, und die Sos darüber geben.

Trüffel-Sos.

Die Trüffel werden in warmem Wasser
eingeweicht, alsdann wird neben herum
das Schwarze weggeschnitten, und so wieder aus warmem Wasser gewaschen; hierauf werden sie in einem Glas Wein waich
gesotten, indessen wird in einem Stücklein
Butter ein Löffel voll Mehl gelb gemacht,
und mit diesem Wein auch mit etwas guter
Fleischbrühe angerührt, nebst etwas Citronenschalen, etlich Schalottenzwiebeln, einem
Lorbeerblättlein und ein wenig Nägeln;
dieses läßt man eine gute Weile an einander
kochen,

kochen, treibt es durch das Haarsieb, thut
Citronensaft und die Trüffel dazu; wenn
sie nicht gelb genug sind, thut man etwas
Schü (Jus) oder gebrennten Zucker dazu,
und läßt sie noch einmal kochen, so ist sie
fertig.

Grüne Trüffel einzumachen.

Diese müssen etlichmal in lauem Wasser
abgewaschen und mit einer Bürste abgebür-
stet werden: hierauf werden sie im Wein
(besser ist es, wenn man BurgunderWein
nehmen kann) gesotten, bis sie waich sind;
alsdann werden sie in einen steinernen Hafen gethan, so daß die Brühe darüber gehe,
und es wird Oel darauf gegossen, daß sie
nicht verderben. Wenn man davon in eine
Sos brauchen will, werden sie geschält und
in dünne Scheiblein geschnitten.

Eine Kirschen-Sos über schwarzes Wildprett.

Es werden Weinkirschen (Weichsel)
samt den Steinen, wenn sie wohl gewaschen
sind, klein gestosen, im Wein gekocht, und
durch ein Tuch oder Haarsieb gepreßt; ferner wird eine Handvoll abgezogener und klein
gestosener Mandeln darein gerührt, ein wenig Mehl kaum gelb im Butter geröstet und
in die Sos gerührt, nebst etwas Citronen-

H 5 saft

saft und klein geschnittenen Citronen, auch
ein wenig Nägeln; wenn das Wildprett im
Wasser recht waich gesotten hat; werden
auch etliche Löffel von der Brühe darzu
genommen, da man es wohl an einander sieden läßt, über das Wildprett anrichtet, und geschnittene Citronen darüber
streuet. Man kaun es auch über ein gut
gesotten roth Wildprett oder Schweinen-
Fleisch, mit der Haut gesotten, anrichten.

Eine Sos von Artischocken.

Die Artischocken werden wie gewöhnlich
gesotten, das Weisse von den Blättern abgeschaben, der innere Käß wird klein gehackt, in einem Stück Butter verdämpft,
mit sehr wenig Mehl; hernach mit der besten Fleischbrühe aufgefüllt; wenn es gut an
einander gesotten, wird es durch das Haarsieb oder einen engen Seiher getrieben, alsdann wird es mit ein paar Eyerdottern und
ein wenig frischem Butter vor dem Anrichten legirt.

Sos von Citronen.

Es wird ein Stück Kalbfleisch klein geschnitten, und in einem Casserol oder Hafen mit einem Stück Butter zugesetzt; die
Schale von einer Citrone grob geschnitten,
wie auch das Mark ohne Kern darzu gethan,
her-

hernach anf einem kleinen Kohlenfeuer abgedämpft; hierauf wird es mit guter Fleischbrühe angefüllt, und etliche Schnitten kaum
gelb gebähet, weiß Brod hinzugethan, daß
man es wohl an einander kochen läßt, durch
ein Haarsieb getrieben, und dann mit etlichen Eyerdottern abgezogen, und so ist die
Sos fertig.

Sos von Cappern.

Ein gut Stücklein Kalbfleisch von dem
Schlegel wird klein gehackt, und in einem
guten Stücklein Butter abgedämpft, dann
werden ohngefähr 3 bis 4 Löffel voll Cappern auch klein gehackt, und ebenfalls in einem Stücklein Butter ein wenig abgedämpft;
man thut solches zusammen, nebst etlichen
Stücken gebäheten Wecken, und etwas Citronenschalen, füllt es mit guter Fleischbrühe wohl auf, läßt es etlichemal sieden, thut
noch etwas Citronensaft, ein wenig Muskatenblüthe daran, und treibt es durch ein
Tuch oder Haarsieb, man kann es gleichfalls vor dem Anrichten mit Eyerdottern abziehen.

Auf die nämliche Art wird auch

Oliven-Sos

gemacht, nur daß statt der Cappern, Oli-
ven genommen werden.

Eine

Eine Sos zu allem Braten und auch Fischen zu geben.

Man nehme Zwiebelein, Peterling, Sardellen, Cappern und hacke alles klein, thue ein wenig Pfeffer, etwas weiß Baumöl, einen Löffelvoll Senf, Eßig so viel man braucht, die Sos anzurühren, hinzu, so ist sie gut.

Ochsenzunge in der Sos.

Die Zunge wird recht waich gesotten, alsdann abgezogen, wenn sie nicht zu viel abgekühlt, wird sie auf der runden Seite schön gespickt, an der platten Seite aber an den Spieß gebunden und schön gelb gebraten, und mit Butter saftig erhalten; hierauf wird ein Schoppen rother Wein in ein Geschirr gethan, nebst Zucker, etwas ganzem Zimmet, Citronenschalen, etwas Nägeln und einem Lorbeerblatt; dieses läßt man einkochen bis es dicklecht wird, und thut es in die Schüssel, und richtet die Zunge darauf an. Man kann auch andere Sosen darzu machen. So kann man auch eine Zunge braten, und auf den Spinat legen.

Taschen-Bouillon oder sogenannte Jus.

Es werden etliche Pfund Kalbfleisch, etliche Pfund Rindfleisch, eine alte Henne, ein

ein paar Kalbsfüß, alles zu Stücklein zer-
hauen, in einen grosen Stollhafen oder Casserol gethan, mit ohngefähr 6 Nägeln, etlichen Pfefferkörnern, etwas Muskatenblüthe;
dieses wird mit ein wenig Butter lange gedämpft, von Anfang aber muß immer
Fleischbrühe zugegossen werden, daß es immer Sos hat, zuletzt wird es ganz eingebra-
ten, nur daß es nicht gar zu braun werde;
indessen wird eine gute Fleischbrühe gesotten,
worinnen Wurzelwerk, nemlich Selleri,
gelbe Rüben, Peterlingwurzel, etliche Lorbeerblättlein und ein Zwiebel mit abgekocht
wird; hierauf wird das gedämpfte Fleisch,
wenn es hochgelb ist, mit der abgesottenen
Fleischbrühe aufgefüllt, daß es ziemlich
Brühe hat; wenn es zum halben Theil
eingekocht ist, wird es abgezogen, da es
über Nacht gestehet, daß man den andern
Tag das Fett herab nehmen kann; alsdann
wird es in einen kleinen Hafen gethan, und
so dick eingekocht, daß es anfangt sich ziehen zu lassen. Man muß es aber öfters
umrühren, daß es ja nicht anbrenne, und
nur langsam kochen; hernach wird es in eine blecherne oder zinnerne Form oder in Pa-
pierkapseln gegossen; wenn es gestanden,
wird es in Stücklein geschnitten, und wohl
ausgetrocknet; und so kann man es Jahr
und Tag aufhalten. Wenn man auf der
Reise

Reife ift, und geschwind eine Fleischsuppe
haben will, läßt man Waffer sieden, salzt
es nach Belieben, legt ein Stücklein von
der Bouillon darein, je nachdem man viel
oder wenig will, läßt es darinnen sieden,
und richtet es über gebähet Brod an. Von
diesem kann man an alle braune Suppen
oder Gemüß ein klein Stücklein thun, so
werden sie kräftig davon. Weder die Fleischbrühe noch das Fleisch darf gesalzen werden,
weil es sich sonst nicht so lang aufhalten läßt.
Auf diese Art werden alle braune Suppen
oder sogenannte Jus gemacht, es ist aber
nicht nothwendig, daß eine Henne darzu
komme, und man kann alle abgehende
Stücklein Fleisch außer Wildprett darzu
nehmen, und das Wurzelnwerk mit dämpfen; man kann auch Schunken und Speck
darzu nehmen.

Krebs-Sos.

Die Krebse werden gesotten, und wie
gewöhnlich, ausgemacht, es ist immer besser, wenn man den inneren Leib der Krebse
wegläßt, weil es gar gern eine trübe Sos
gibt, die Füse aber werden beybehalten; hernach werden sie klein gestosen, und ohngefähr 3 Theile davon im Butter geröstet,
durch ein Tuch gepreßt, und der Krebsbutter zurückgethan; alsdann werden die übrige
Krebs-

Krebsſchalen nebſt den abgeröſteten Krebſen
mit einer kleinen Handvoll Mandeln abermal klein geſtoſen, ſolches in einen Caſſerol
oder Hafen gethan, nebſt dem Waichen von
einem Wecken oder Milchbrod, mit guter
Fleiſchbrühe angefüllt, da man es eine geraume Zeit an einander ſieden läßt, ſodann
durch einen Seiher oder Haarſieb getrieben;
der Krebsbutter wird nebſt ein wenig Muſkatenblüthe darzu gethan, wieder auf das
Feuer geſetzt, da man es noch ein wenig
ſieden läßt, und dann mit ein paar Eyergelb legirt. So iſt die Sos fertig; man
kann ſie auch ohne Eyergelb laſſen.

Kalbfleiſch in einer Krebs-Sos.

Das Kalbfleiſch wird ein wenig blanſchirt, daß es weis bleibe, es werden viereckigte oder länglichte Stücklein daraus geſchnitten, die nicht gar zu groß ſind. Wenn
es zuvor mit etwas Waſſer, ein wenig
Wein, mit etwas Salz, etlich Lorbeerblättlein, etlich Citronenrädlein waich geſotten
iſt, wird Krebsbutter gemacht, in den
Krebsbutter ein Löffelein voll Mehl, 2 bis
3 Eyerweiß angerührt, ſolches mit der Brühe von dem Kalbfleiſch angegoſſen, bis es
in der Dicke wie eine Fiſchbrühe iſt, auch
etwas Muſkatenblüthe und ein wenig
Schnittlauch darzu gethan. Wenn es dann
unter

unter beständigem Umrühren auf den Kohlen
ein wenig angezogen hat, wird es über das
Kälbfleisch angerichtet: wenn die Sos nicht
sauer genug ist, wird noch etwas Citronensaft daran gedruckt. Man kann auch diese
Sos an ein übergebliebenes gesotten Kalbfleisch machen, hernach der Sos in der
Säure etwas weiter helfen.

Schnepfen in der Trüffel-Sos.

Wenn die Schnepfen zurechte gemacht,
und sauber geputzt sind, werden sie auf dem
Rücken von einander geschnitten, und das
vordere Brustbein ausgelößt, ferner wird ein
breiter Casserol oder breite Schüssel mit
dünne geschnittenen Stücklein Speck belegt,
Citronenschalen, Lorbeerblätter, etwas Thy-
mian auf den Speck, auch etwas Salz
daran gethan: man legt alsdann den Schnepfen von einander geschnitten darauf, daß
die Brust über sich siehet, salzt es noch ein
wenig, und belegt sie wieder mit dünne geschnittenem Speck, stellet sie in Backofen,
und läßt sie so lange bis sie fertig sind, darinnen stehen; indessen wird eine Trüffel-
Sos parat gemacht, etwas von der Sos
an den Schnepfen gethan, woran man es
noch ein wenig anziehen läßt, das Fette
wird weggethan, die Sos von der übrigen
Trüffel-Sos läßt man durch das Haarsieb
lauffen,

lauffen, legt den Schnepfen auf die Platte
und thut die Sos darüber.

Citronen-Sos an Capaunen.

Die Capaunen werden in einer Preß
waich gekocht, alsdann wird ein Stück
Butter mit einem Löffel voll Mehl nur verschliffen, und mit Brühe von der Preß, etwas Wein, auch ziemlich Citronensaft und
etwas Schalen angefüllt; man läßt es wohl
an einander kochen, zieht die Sos mit ein
Paar Eyergelb ab, und richtet über den Ca-
paun an.

Fische.

Sardellen-Sos über Fische und Kalbfleisch.

Es werden etliche Sardellen wohl gewaschen, geputzt und ausgegrätet und klein gehackt; man thut sie hernach in ein Casserol
oder irrden Geschirr nebst einem Stück Butter, ein paar Rädlein Citronen, einer
Handvoll gerieben Brod, ein wenig Muskatenblüthe und Nägeln, rührt es mit guter
Fleischbrühe an, und drückt noch etwas Ci-
tro-

tronenſaft darzu; wenn es wohl aufgekocht
hat, wird es durch einen engen Seiher oder
Haarſieb getrieben, und über die Fiſche,
wenn ſie zuvor ein wenig geſotten haben, angerichtet.

So kann man es auch über Kalbfleiſch,
welches zuvor ein wenig abgedämpft und geſotten worden, anrichten, zuvor aber mit
etlich Eyerdottern legiren.

Sardellen-Butter.

Ein Vierling Butter, 6 Loth wohlge-
pützte und ausgegrätete Sardellen werden
einmal abgewaſchen und mit einem Milch-
ling von einem Hering wohl gehackt, in
einem Mörſer geſtoſen, ſo fein man kann,
und dann in den Butter gerührt. Auf ſolche Weiſe iſt er fertig, und man kann ihn
auch auf Brod- oder Wecken-Schnitten auf
den Tiſch geben, entweder zu oder für Paſtetlein.

Blau geſottene Fiſche.

Wenn ſie geſalzen und mit Eßig blau
gemacht worden, werden ſie in Waſſer,
Wein nebſt dem Eßig von den Fiſchen,
Zwiebeln, ganz Gewürz, Peterling, Selleri, gelben Rüben, Citronen, etlich Lorbeerblättlein langſam geſotten; wobey zu bemerken iſt, daß das Waſſer nicht ſo ſtark
bey

bey dem Einlegen sieden darf, sonsten gehet die Haut gar gerne davon ab. Wenn sie in einem irdenen Geschirr gesotten werden, ist es besser. Wenn man sie vor dem Anrichten in der heisen Sose noch eine geraume Zeit kann stehen lassen, werden sie kräftiger. Hierauf überstreuet man sie mit Peterling, und deckt sie mit einem Fließpapier zu, daß sie blau bleiben.

Karpfen auf besondere Art gesotten.

Die Karpfen werden geschuppt, und aussen wohl gewaschen, alsdann ausgenommen und nicht ausgewaschen, auf der einen Seite werden etliche Schnitte hinein gemacht, daß man den Karpfen krumm machen kann; hierauf wird er in ein Geschirr zum sieden gesetzt, und Wein daran gegossen, (wenn es rother Wein ist, ist es besser) auch etwas gestosene Nägeln, Pfeffer, Muskatenblüthe und Salz, ein paar Zwiebel und ein gut Stück Brodrinde von der oberen Rinde darzu gethan; wenn er halb oder gar gesotten, wird ein Stücklein Butter daran gethan, und immer gerüttelt, bis er gar ist, er muß aber wohl zugedeckt werden.

Ein

Ein Karpfe mit der Cruſte.

Der Karpfe wird ſauber gepußt und geſchuppt, in der Mitte den langen Weg von
einander geſchnitten, alsdann ein wenig mit
ſiedendem Eßig begoſſen, und auſſen und innen geſalzen, worunter ein wenig Pfeffer geſtreuet wird; hierauf wird unter gerieben
Milchbrod und Wecken, etwas Salz gemen-
get, der Karpfe mit Butter beſtrichen und
mit dem Brodmehl überſtreuet, und wieder
mit Butter wohl geträufelt, auf eine Platte, worauf ein wenig Fleiſchbrühe und Ci-
tronenſcheiblein liegen, gelegt, und dann in
Backofen geſtellt, bis er gelb iſt, oder auf
eine nicht gar ſtarke Kohle geſetzt, oder ein
Ring von Blech auf das Zinn, und ein
Deckel mit Kohlen darauf gelegt, bis er
oben gelb iſt.

Ein Hecht in einer Krebs-Sos.

Wenn der Fiſch ein wenig groß iſt, ſo
iſt er hierzu tauglich: dieſer wird, wenn er
abgeſchlagen worden, ſauber geſchuppt und
gepußt, und einigemal mit dem Meſſer wohl
abgeſchaben, bis kein Schleim mehr daran
iſt; hierauf wird eine Fülle von Krebſen gemacht, es wird nämlich Krebsbutter gerührt, eingeweicht Milchbrod oder Wecken
in der Milch mit Eyern angerührt, je nachdem

dem man Fülle nöthig hat; man kann auch
ein Prießlein darein schneiden, und die
Hälfte von den Krebsschwänzen, und Salz
und Muskatennuß, wie auch Ingwer darzu
thun; wenn der Fisch auffen und innen mit
Salz gerieben worden, wird die Fülle darein gethan, und der Fisch zugenähet; man
muß etwas weiter Krebsbutter machen, damit man auch davon zur Sos nehmen und
den Fisch damit überstreichen kann, alsdann
wird der Kopf und Schwanz vom Fisch in
der Rundung zusammen genähet, in eine
saubere Schüssel werden schmale Hölzlein
über das Kreuz gelegt, diese mit etwas Butter überstrichen, 3 bis 4 Eßlöffel voll Fleischbrühe in die Schüssel gethan, der Fisch darauf gesetzt, mit Butter, oder wenn man
hat, mit Krebsbutter wohl überstrichen, und
in den Backofen gesetzt, in einer halben Viertelstunde wird er wieder mit Butter überstrichen, sodann in einer andern halben Viertelstunde abermal mit Butter überstrichen,
und mit geriebenem Milchbrod, welches mit
etwas Salz vermengt wird, dick überstreuet, dann wieder in Backofen gesetzt,
bis der Fisch etwas gelb und fertig ist: indessen wird eine Krebs-Sos verfertiget, es
wird nämlich in einem Krebs-Butter etwas
Mehl geröstet nur bis es schaumt, und gute
Fleischbrühe daran gegossen, man kann ein

Lorbeerblättlein und ein Stücklein Citronen-schale darein thun; dieses läßt man langsam an einander kochen, rührt es öfters um, daß die Sos ganz roth wird, und nicht nur oben die rothe Fette umschwimmet, mithin wird es in dieser Sos, ohne daß solche darüber hingegossen wird, auf den Tisch ge-geben.

Auf diese Art kann man auch Fische mit einer andern Fisch- oder Fleisch-Farse füllen und eben so behandeln, auch eine Cappern-Sardellen- oder Peterling-Sos mit Citro-nen darzu machen.

Ein gefüllter und gebackener Aal.

Es wird eine Fülle von Kalbsgekröse oder Kalbfleisch, mit Morcheln, Cappern, Gewürz, eingeweichtem Brod und Eyern gemacht; wenn der Aal ausgenommen und abgezogen ist, wird er mit Salz und Pfef-fer wohl abgerieben, alsdann mit der Fülle gefüllt, und zugenähet; ferner macht man einen aufgeriebenen mürben Taig, wellet ihn in die Länge, schneidet, wenn er 2 Mes-serrucken dick ist, völlig Fingersbreite Stri-che daraus, wendet sie um den Aal, so daß der Aal immer wieder Fingersbreit heraus siehet, schmieret eine flache Schüssel mit Butter, leget den Aal in der Krümme dar-ein,

ein, überſtreichet ihn mit zerlaſſenem Butter, und beſtreuet ihn mit Mutſchelmehl
oder geriebenem Milchbrod; zuvor aber
drückt man Citronenſaft darauf, läßt ihn
im Backofen ſchön gelb backen, und gibt
Citronen auf den Tiſch darzu.

Aal-Würſtlein.

Es wird ein Stücklein Schunken klein
geſchnitten, und nebſt einem klein geſchnittenen Zwiebel langſam in einem Stücklein
Butter verdämpft; ferner wird in einem
guten halben Schoppen ſüſſen Rohn ein
fein Mehl gekocht, daß es wie ein Kindleinsbrey iſt, dieſer Brey wird nebſt dem
Schunken und Zwiebel, ſo viel durchgehet,
durch ein Haarſieb getrieben; wenn dieſes
erkaltet, werden ohngefähr 3 ganze Eyer
und ein paar Eyergelb daran gerührt; hierauf werden ein paar Stücklein von einem
groſen Aal, oder ein ganzer kleiner Aal in
einem Salzwaſſer mit einem einigen Wall
aufgekocht, ſo daß man das Fleiſch von den
Gräten abnehmen, und zu gewürfelten
Stücklein ſchneiden kann; man thut etwas
Salz, ein wenig Pfeffer, auch Muſkatenblüthe darzu, auch ein Stücklein zerlaſſenen
Butter ohngefähr wie ein Ey; noch beſſer
ſind ſie aber, wenn man ſtatt des Butters

J 4

einen Krebsbutter von etlichen Krebſen macht,
ſolchen, nebſt den Krebsſchwänzen, gewür=
felt geſchnitten, darein thut, man füllt ſie
in ſauber gepußte ſchweinene Därme, unter=
bindet ſolche völlig fingerslang, nur nicht
zu veſt, verwellt ſie in halb Waſſer und
Milch, welches aber nicht ganz ſieden darf;
ſodann wann ſie fertig ſind, macht man ſie
im Butter ein wenig gelb, macht ſie von
einander und gibt ſie auf die Tafel.

Farſe von Fiſchen.

Die Fiſche müſen, ſie ſeyen von wel=
cher Art ſie wollen, vorher ſauber gepußt,
ausgenommen, und dann reinlich abge=
wiſcht werden; hierauf ſchneidet man das
Fleiſch beym Rucken, worinn keine Gräte
ſind, behend ab, und auch ſonſten wo noch
etwas herab zu kriegen iſt, das man ohne
Gräte haben kann; wenn dieſes Fleiſch rein
von der Haut in Stücklein geſchnitten, wird
das andere abgeſotten, aber kaum mit ei=
nem Wall, ohne Salz, und alsdann her=
ausgenommen, das Fleiſch wird von den
Gräten wohl abgeklaubt, zu dem rohen
Fleiſch gethan, und wohl mit einander ge=
hackt; hierauf wird ohngefähr ſo viel fein
gerieben Milchbrod und etwas in Milch ein=
gewäichter Wecken, ferner ein Stück But=
ter

ter mit Eyern abgerührt, nach Proportion etwas klein geschnittener Peterling und Citronenschalen, Salz und Muskatennuß darzu gethan und alles wohl und fein unter einander gehackt, so ist die Farse recht, und zu allem zu gebrauchen. Man kann auch diese Farse in Pastetlein füllen und Cappern darein thun.

Ragouts und Braten.

Ragout mit Pastetlein.

Es werden Kalbsprieslein abgesotten und gehackt, ein Stück Wecken in Milch eingeweicht, ein Stücklein Ochsenmark mit etwas Butter abgerührt und mit etlich Eyerdottern; alsdann kommen die Prieslein auch darein und geschnittene Morcheln, ein Zwiebelein und etwas klein geschnittener Peterling; hernach werden sie abgedämpft, Muskatenblüthe, Salz, noch ein oder zwey Eyer und etwas Citronensaft darzu gethan, und alsdann eingefüllt. Man kann auch statt der Prieslein ein Stück Kalbfleisch absieden und klein hacken; auch kann man von einem Kalbshirn darein rühren, wenn man

J 5 es

es ein wenig verwellet; man kann auch übrigen Braten klein hacken, wenn die äussere
Haut davon weggethan ist.

Junge Hühner von kaltem Braten ge-macht und mit Ragout gefüllt.

Kalbsbraten ist der beste: dieser wird
mit etwas Nierenfett klein gehackt, etwas
Wecken in Milch eingeweicht, je nachdem
man Braten hat, ein klein geschnitten Zwiebelein im Butter verdämpft, man kann etwas geschnittene Citronen, auch etwas klein
geschnittene Cappern darzu nehmen, wie
auch Salz und etwas Pfeffer, auch Muskatennuß nach Belieben: dieses wird mit
Eyern angemacht, daß es wie ein Knöpfleinstaig ist, aus diesem wird mit der Hand
eine grose oder etwas kleinere Form gemacht,
wie eine Henne, wenn sie auf den Füssen
sitzt; damit der Kopf und Kragen hübsch
aufrecht bleibe, wird oben durch den Kopf
und Kragen hinab ein dünnes Steckelein ge-
steckt, so daß man es nach dem Backen wieder oben herausziehen kann; alsdann wird
ein Blech mit ein wenig Butter beschmiert,
und mit etwas Mehl bestreuet, die Henne
darauf gesetzt, mit einem Ey überstrichen
und mit etwas geriebenem Wecken bestreuet,
und im Backofen schön gelb gebacken; wenn
es

es aus dem Ofen kommt, wird oben aus
dem Rücken ein gutes Stück heraus geschnitten, aber so ganz, daß man es wieder damit zumachen kann; man höhlet es aus, so
daß die innwendige Farse so viel möglich,
ohne daß es zusammenfällt, heraus kommt;
man setzt es auf die Platte, auf welcher man
es auf den Tisch gibt, und füllt es mit einem Ragout, welcher nach Belieben von
Prießlen oder Morcheln gemacht wird, oder
mit einem Krebsragout; neben herum garniret man das Huhn mit Peterling, deckt
es wieder mit dem Deckel zu, gibt es nebst
der übrigen Sos von dem Ragout, welche
in einem besondren Geschirr seyn muß, auf
den Tisch; auf den Kopf schneidet man einen Kamm von einem Stücklein Schunken
oder Zungen, statt der Augen setzt man
ein paar Wachholderbeere hinein. Das
übrige kann man so lassen, oder wenn man
sich mehr Mühe geben will, von dem sogenannten KrachtortenTaig ein paar Flügel
und einen Schwanz ausschneiden und ihn
ordentlich hinstecken.

Ragout von Kalbsbraten.

Man schneidet dünne langlechte Stücklein in einen Casserol oder breiten Fußhafen,
läßt ein gutes Stück Butter vergehen,
schnei-

schneidet 2 bis 3 Zwiebelein klein, läßt sie
in dem Butter verdämpfen, legt alsdann
etwas klein geschnittene Cappern, wenn man
hat, ein wenig Peterling, und das Kalb=
fleisch darein, und deckt es zu; wenn es
angezogen hat, werden ein oder zwey Eyer
hart gesotten, wenn sie geschält sind, ganz
klein gehackt, doch das Weisse nicht alles
darauf herein gesäet, man thut auch etwas
Salz und Muskatennuß darzu, läßt es wie=
der an einander dämpfen, nebst etlich Eß=
löffelvoll Fleischbrühe und Salz; es wird
nur etlichemal geschüttelt und nicht umge=
rührt, hernach wird es angerichtet, und
nur herausgestürzt, daß es nicht umgekehrt
werde.

Fricandeau von Kalbfleisch.

Schneidet von einem Kalbschlägel ein
rundes fleischichtes Stück heraus, klopfet
es, thut es in eine Pfanne mit läulichtem
Wasser, lasset es nicht weiter als einen
Sud thun, nehmet das Fleisch heraus, und
reibet es mit Mehl, daß es schön weiß wer=
de, waschet es in lauem Wasser wieder ab,
lasset es kalt werden und spicket es recht
schön; hierauf thut ein Stück Butter in
einen Casserol, wie auch eine ganze gelbe
Räbe, einen ganzen Zwiebel mit Nägeln
besteckt, eine Selleriwurzel, ein Glas voll
Wein

Wein, und eben so viel Waſſer und klare
Fleiſchbrühe, nebſt Citronenſchalen und etwas Salz, laſſet es eine halbe Stunde wohl
zugedeckt kochen, alsdann wird es das er-
ſtemal umgewandt, es muß aber ſchon anfangen gelb ſeyn, und fleißig Achtung gegeben werden, daß es nicht zu braun werde,
beſonders wenn die gelbe Rübe waich iſt,
legt ſie ſich gern an; wenn es ſchön gelb iſt,
gießt man eine gute Schü (Jus) daran
und das zu öftermalen, bis das Fleiſch ganz
waich iſt; alsdann wird das Fleiſch herausgenommen, die Brühe durch das Haarſieb getrieben, noch etwas Citronenſaft daran gedruckt, und der halbe Theil von der
Sos wieder in den Caſſerol gethan, da
man ihn unter beſtändigem Umrühren etwas
dick einkochen läßt; endlich wird das Fleiſch
auf der geſpickten Seite in die Sos gelegt,
ein paarmal darinn umgedrehet, daß es
ſchön glanzigt iſt, auf die Platte herausge-
legt, die übrige Sos vollends in den Caſſerol gethan, worinn man es noch ein wenig
aufſieden läßt, und neben herum an das
Fleiſch gethan, damit ihm oben der Glanz
nicht benommen werde, ſodann wird es
oben mit gewürfelt geſchnittenen Citronen
beſäet.

Rolade von Kalbfleisch.

Man nimmt ein Stück Kalbfleisch von
der Schale, schneidet gleich dünne Stücklein einer Handgroß davon, klopft es auf
einem Brettlein mit einem flachen Messer,
nimmt ein Stülckein frischen Speck und
ein gut Stücklein Rind- oder Ochsenmark,
rühret es unter einander, nimmt etwas Mutschelnmehl, Pfeffer und Nägeln, auch Salz
und etwas klein geschnittene Citronen darunter; hierauf wird das Fleisch damit überstrichen und zusammengerollt, alsdann entweder mit Bindfaden umbunden, oder mit
hölzernen Zwecklein zugesteckt, setzt es zu in
einem Stück Butter; wenn es darinnen
wohl abgedämpft, wird ein wenig Fleischbrühe, ein wenig Eßig, Citronensaft und
noch etwas Gewürz daran gethan, worinn
es vollends gelblecht gedämpft wird; man
stäubt ein wenig Mehl und thut noch ein
wenig Fleischbrühe daran; alsdann kann
man klein gehackte Sardellen oder sauren
Rohn daran thun.

Eine andere Art Rolade.

Es wird von der obern Schaale eines
Schlegels ein Stück Fingersdick so groß und
so breit als möglich abgeschnitten, alsdann
wird eine gute Fars von Kalbfleisch gemacht,
wor-

worunter man das Gelbe und Weiſſe von
einem oder zwey hart geſottenen Eyern gewürfelt ſchneidet mit etwas geſchnittenem
Schunken und etwas geſchnittenen Piſta-
zien; man überſtreicht das Fleiſch damit,
rollet es zuſammen, bindet es in eine Serviette, ſiedet es in einer ſogenannten Preß,
gibt es warm auf den Tiſch, mit einer kla-
ren Sos von Jus oder ſchneidet Fingersdicke
Scheiben daraus, und gibt eine Sos dazu.

Kalbsrolade von einer Bruſt.

Die Kalbsbruſt wird ausgebeinet, die
Rippen werden innwendig losgeſchnitten und
nebſt den Knorpeln heraus getrennt, alsdann wird ſie aus einander gelegt, mit
Stücklein Schunken, auch wenn man hat,
dürren Zungen überlegt, es wird etwas
Salz, ein wenig Nägeln, auch ein wenig
Majoran und etwas Pfeffer darauf geſtreut,
die Bruſt wird ſo eng als möglich aufge-
rollt, mit Bindfaden zugebunden, und in
Waſſer und Wein, auch etwas Eßig, mit
Zwiebeln, Lorbeer und nach Belieben auch
Citronen geſotten; man kann ſie einige Tage in dieſer Sos aufbehalten, daß ſie immer ſchön weiß bleibt; ſie wird ganz auf
den Tiſch gegeben, und Schnittlauch darauf geſchnitten; darzu werden geſchnittene
Zwie-

Zwiebeln und Eßig unter einander, oder sonst eine kalte Sos gegeben. Man kann auch die Brust vor dem Einbinden einige Tage einsalzen, Kräuter und Zwiebel darzu thun, und dann erst auf obbemeldte Weise behandeln.

Ein Kalbsgekrös zu kochen.

Das Gekrös wird sauber gewaschen und ausgedrüßt, mit Wasser abgesotten, nebst ein wenig Butter und Salz, daß es recht weiß wird; hierauf macht man eine Peterlingsos mit Citronen darüber. Es wird nämlich eine Handvoll Peterling recht klein geschnitten, alsdann im Butter mit etwas Mehl abgedämpft, man füllet es mit guter Fleischbrühe auf, schneidet von Citronen kleine Stücklein, thut sie hinein und kleppert vor dem Anrichten ein paar Eyerdotter darein. Wenn das Gekrös aus der Sose genommen, und abgeloffen ist, wird die Sos darüber angerichtet.

Kalbsleber.

Man belegt einen Casserol mit Speckschwarten und Riemen von Schunken, ins Creuz, setzt die Leber, wenn sie gespickt worden, darauf, thut etliche Scheiben Zwiebel dazu, ein wenig Salz, und etwas Nägeln; wenn die Leber gar ist, so wird etwas gute

gute Jus und Citronenſaft daran gethan, und die Sos darüber gegeben.

Eine Fülle in eine Kalbsbruſt.

Von 2 Bratwürſten wird, ehe ſie fertig gemacht werden, das Fleiſch genommen, ſolche werden mit 2 Eyergelb, einem ganzen Ey und etwas ſüſſem Rohn, ein wenig Peterling und noch etwas Salz eingefüllt, und wie gewöhnlich behandelt; wenn ſie bald vollends gebraten, wird die Fülle wohl mit Butter geſtrichen und mit geriebenem Milchbrod überſtreuet.

Eine Kalbsbruſt mit einer Farſe kalt zu geben.

Die Kalbsbruſt wird wie obige ausgebeinet, dazu wird aber nur der hintere Theil genommen, welcher mit einer glatten Haut bedeckt iſt. Alsdann wird eine Farſe von Fleiſch, wie ſchon mehrmalen gemeldet worden, gemacht, worein etwas geſchnittene gelbe Rüben und Piſtacien gethan werden; darauf wird die Farſe zwiſchen die obere und untere Haut gefüllt, zugenähet und wie obige geſotten, und kalt aufzuſtellen gebraucht.

Eine Hirſchrolade zu machen.

Man nimmt die Brüſte vom Hirſch, löſet das Fleiſch von den Rippen ab, ſalzt

K

es mit etwas Salz und Salpeter ein nebst
allerley Kräutern, Lorbeerblättern und Citronenschalen, läßt es 3 Tage stehen; hierauf
wäscht man es sauber und rolirt es auf,
bindet es mit Bindfaden vest zu; hernach
siedet man es in halb Eßig und Wein, thut
Salz und Wachholderbeere, auch zerschiede-
ne Kräuter darzu. Man kann es zu zer-
schiedenem Gemüß serviren, oder auch mit
kalter Sos, Eßig, Oel und Zwiebeln auf
den Tisch geben.

Eine gefüllte Rindszunge.

Wenn die Zunge recht waich gesotten ist,
wird die Haut abgezogen und nach der
Länge ohngefähr 5 Schnitte hinein gemacht,
diese Schnitte werden mit einer guten Farse
nach Belieben ausgefüllt, wohl mit Butter
bestrichen und mit Semmelmehl überstreuet,
in Backofen gesetzt bis sie gar ist, und eine
beliebige Sos darzu gegeben.

Schweinsohren zu kochen.

Diese werden gesotten im Wasser und
Eßig, auch mit einem Zwiebel und Lorbeerblatt; wenn sie ganz waich sind, werden
sie zu langlechten Stücklein geschnitten, in
einem Stücklein Butter wird ein klein geschnittenes Zwiebelein gedämpft, ein Löffelein
voll Mehl dazu genommen und solches gelblecht gemacht, von obiger Brühe angefüllt,
die Ohren darein gethan und etwas Pfeffer.

fer. Vor dem Anrichten kann man ein paar Löffelvoll Senf daran rühren; wenn dieses aber nicht beliebig ist, kann man auch einen Zucker daran brennen. Man kann die Füsse vom Schwein auf die nämliche Art sieden, sie von den Beinern ablösen, mit Butter schmieren, im geriebenen Milch-brod, worunter etwas klein geschnittene Zwiebelein, Peterling und Salz gemengt wird, umkehren, und auf dem Rost oder in einer Pfanne braten. So kann man auch die Kalbsfüsse machen und zu Gemü-sern geben.

Schwarten-Magen.

Man nimmt ein Pfund Schweinen-Fleisch, ein gutes Stück Nierenfett, ein Herz und Zunge von dem Schwein, und siedet es zuvor recht waich; hierauf nimmt man eine fette Schwarte, siedet sie auch waich; alsdann nimmt man von einem so viel als dem andern ohngefähr nach Pro-portion, hackt das Fleisch und Nierenfett klein, schneidet das Herz und Zunge zu Scheiben, schneidet aus den Schwarten lange Stücklein, als wenn man damit spik-ken wollte, thut Salz nach Gutdünken dar-an und Pfeffer, Muskatenblüthe, etwas Nägeln, Majoran und Salbey, und macht alles wohl unter einander; die Mägen müs-sen wohl gewaschen und mit etwas Pfeffer

aus-

ausgerieben seyn; alsdann werden sie vest
eingefüllt, und über Nacht mit etwas gepreßt, sodann 3 bis 4 Tag in Rauch, dann
aber in die freye Luft gehängt.

Hamburger Pöckelfleisch.

Man nimmt gute Stücke Rindfleisch,
wascht sie, und läßt sie über Nacht auf einem Tuch liegen, alsdann reibt man sie
mit Salz und Salpeter ein, und legt sie
beyseit; hierauf werden Lorbeerblätter, Rosmarin, ganze Wachholderbeere, Pfeffer
und Nelken mit dem übrigen Salz vermischt,
und davon unten auf den Boden des Fasses
und das Fleisch darauf gelegt, und so vest
als möglich in einander gedruckt; wenn
man so Lagenweise fortfähret, so ists in drey
Wochen gut.

Bratwürste ohne Därme.

Man kann etwas Schweinenfleisch, ein
Stücklein Speck, auch Kalbs- oder Rindfleisch recht sehr klein hacken (ein Stücklein
Nierenfett darunter ist auch gut); wenn es
ohngefähr anderthalb Pfund Fleisch ist,
wird es mit einem halben Schoppen Wasser und ein wenig Salz, mit der Hand wohl
gearbeitet, und wenn es seyn kann, läßt
man es über Nacht stehen, den andern Tag
wird ein starker halber Schoppen Milch,
Majoran, Pfeffer, Nägeln, etwas Citronen und Salz, ein klein geschnittenes Zwie-
be-

belein darzu gethan, und wieder wohl gearbeitet. Hat man eine Sprüze so dick wie
eine Bratwurst, so wird von dem Taig
darein gefüllt, in ein heisses Wasser, das
nicht ganz siedet, in beliebiger Länge einge-
druckt, und auf den Kohlen behalten, bis
die Würste fertig sind. Hernach kann man
sie so essen, oder ein wenig abprägeln; hat
man aber keine Sprüze, und kann nur so
groß als man die Würste haben will, einen
Darm bekommen, so kann man Taig in
den Darm füllen und durch den Darm in
das Wasser drucken, wenn sie zuvor vest eingefüllt sind, und so viele machen, als es
gibt.

Ein guter Ragout an einen kalten Braten.

Es werden ein oder zwey Zwiebel klein
geschnitten und in einer breiten Kachel mit
einem Stücklein Butter ein wenig gedämpft,
alsdann wird der kalte Braten, er sey von
welcher Sorte er wolle, darauf gelegt, entweder an einem Stück, oder zu wohl for-
mirten Stücklein geschnitten, ein wenig
Mehl und etwas Mutschelnmehl darauf gesäet, ein paar Löffelvoll Cappern, ein paar
Rädlein Citronen nebst etwas Säft, ein
Löffelvoll Eßig darzu gethan; wenn man
noch ein wenig Bratensbrühe hat, werden
auch etliche Löffel voll daran gethan; her-

K 3 nach

nach deckt man es wohlbeschlossen zu, läßt
es an einander dämpfen und schüttelt es ein
paarmal um; wenn es gar zu wenig Sos
hat, kann man noch ein paar Löffelvoll
Fleischbrühe daran thun.

Ein Englischer Braten.

Es wird von dem Fleisch eines fetten
Ochsen, der schon einige Tage geschlachtet
worden, ein Lendenbraten oder auch das
sogenannte Haustück genommen, mit Salz
und Pfeffer gerieben, und an den Spieß ge-
steckt, sodann mit 4 Bögen Papier umbunden, damit es kein Loch bekomme, und mit
zerschmolzenem Butter begossen, der Butter
muß aber klar seyn, daß keine Milch dabey
ist, sonst bekommt das Papier gleich ein
Loch, auch muß das Feuer nicht gar stark
seyn, weil es bey 4 Stunden ganz langsam
braten muß; eine halbe Stunde vor dem
Anrichten wird das Papier abgenommen,
dabey wohl acht gegeben, daß alle Jus davon in die Bratpfanne lauffe; man begießt
alsdann den Braten noch öfters bey dem
Feuer, so wird er eine rechte schöne gelbe
Farbe bekommen, legt den Braten auf die
Schüssel, gießt die Jus durch ein Haarsieb,
schöpfet das Fett oben ab, und gießt die Jus
an den Braten.

Back-

Backwerk.

Torten.

Eine Mandel-Torte.

Es werden 6 Eyer und 6 Dotter wohl gerührt, (wenn sie klein sind, kann man ein
Paar weiter nehmen) und auf etwas geringe Kohlen gesetzt, daß die Eyer lau werden; hierauf werden sie wieder weggestellt
und geschlagen, bis sie dicklecht werden;
alsdann wird die Masse mit einem halben
Pfund Zucker noch ferner geschlagen, endlich werden 3 Vierling Mandeln mit der
Masse angerührt, noch 4 Eyerweiß zu einem dicken Schnee geschlagen, eine Citrone auf dem Butter abgerieben, und noch
wohl gerührt, so ist die Masse fertig; man
kann auch Citronat und Pommeranzenschalen darein thun. Wenn man eine platte
Mandeltorte machen will, sezt man einen
blechernen Ring, den man eng und weit
machen kann, auf ein Eisenblech, macht

neben

neben herum von Wassertäig ein Wärgelen, bestreicht es, damit der Ring vest halte, mit einem Ey, streicht es inwendig mit Butter aus, und besäet es mit etwas Semmelmehl; und weil die Mandel- oder Biscuit-Torten iu der Mitte eine Höhlung erfordern, so kann man von Blech ein Rohr machen lassen, welches unten ein wenig weiter ist, bestreicht es auch mit Butter, besäet es in der Mitte, und füllt die Torte ein.

Gelbe Rüben-Torte.

Etliche gelbe Rüben werden abgesotten, und wenn sie erkaltet sind, gerieben; von 2 Kreuzerwecken werden die Rinden abgeschält und in gute Milch, von ohngefähr einem Schoppen, gewaicht; wenn sie waich sind, werden sie über dem Feuer zu einem Brey gekocht; hernach läßt man sie wieder erkalten, rührt ohngefähr ein Vierling Butter mit Eyergelb wohl, nebst ein Viertel Pfund zart gestosene Mandel, Zucker nach Belieben, je nachdem man sie süß oder nicht sogar süß haben will, etwas geschnittenen Citronenschalen, wer will, nimmt auch Zimmet darein; alsdann thut man ein paar Handvoll von den geriebenen gelben Rüben darzu, schlägt das Eyerweiß zum Schaum und rührt es darein, bis es dem Augen-

maas

maas nach in der Dicke recht ist. So kann
man es in eine Torte füllen, oder einen
Ring oder Rahst von Taig in eine Schüs-
sel thun, und darein füllen, oben wohl mit
Zucker besäen, und in dem Backofen oder
Tortenpfanne backen. Auf solche Weise
kann man es als ein Gemüß oder als eine
Torte geben.

Eine Torte von Spießhut Taig.

Es wird ein halb Pfund Butter mit 6
Eyergelb und ein wenig gestosenen Mandeln
gerührt, ein halbes Pfund Zucker und etwas geschnittene Citronenschalen, wird noch
ein wenig mit gerührt; alsdann wird ein halbes Pfund Mehl, etwas süsser Rohn, nebst
dem zum Schnee geschlagenen Eyerweiß darzu gethan, man kann auch Citronat und
Pommeranzenschalen darzu nehmen; ferner
wird ein rundes Blech, gröser als ein Teller,
mit Butter bestrichen, und ein wenig mit
Semmelmehl bestreuet, von der Masse Fingersdick darauf gestrichen, und in der Tortenpfanne schön gelb gebacken; man kann
in die Tortenpfanne unter das Blech etwas
Salz streuen, daß es unten Hize behalte
und doch nicht so gern anbrenne; hierauf
wird die Torte wieder mit der Masse überstrichen, und abermal gebacken, und so drey,
vier

vier bis fünfmal; alsdann kann man sie
mit einem Eiß garniren, oder man kann
sie mit Mandeln bestecken, und wenn diese
ein wenig rösch sind, kann man sie mit Eiß
garniren.

Eine eingeschlagene Mandel-Torte.

Es werden 2 Eyergelb mit 2 Löffelvoll
süssem Rohm, ein Löffelvoll Zucker, ein
Stücklein Butter, nicht gar wie ein Ey, mit
Mehl angemacht, wie ein Nudelntaig, hievon wird ein Stück ausgewellt, eben so
wie zu Nudeln, ein Becken oder ein Blech
mit einem Ranft wird mit Butter bestrichen, und mit dem Taig ausbelegt; gut ist
es, wenn man einen blechernen Ring hat,
der geradauf geht, und ohngefähr eine Wei-
tung hat, wie sonsten unten in den Schnek-
kenmödeln; dieser Ring wird auch mit Butter bestrichen, alsdann wird in der Mitte
ein klein Stücklein von dem Taig aus dem
Boden herausgeschnitten, und ringsherum
Schnitte hinein gemacht, bis es die Wei-
tung von dem Ring hat; das Aufgeschnit-
tene davon wird über sich an dem Ring herum gepappt, darein eine Fülle gemacht, wie
zu einer guten Mandeltorte, je nachdem
man die Torte groß oder klein will, oder
das Blech dazu hoch oder niedrig ist; es
muß immer ein Blech seyn, das ohngefähr
drey

drey Finger hoch ist; in die Mandelfülle
kann man Gewürz, Zimmet und Nägeln
thun, oder man kann sie blos mit Citronen und Pommeranzenschalen geben; hierauf wird der Taig eingefüllt, von obbe-
meldtem Taig ein Deckel darüber gemacht
wie der Boden ist, ferner wird ein paar
Eyerweiß zu einem Schaum geschlagen, eine Handvoll Zucker darein gerührt, die
Torte damit überstrichen, eine Handvoll
Mandel wird abgeschält, groblecht gestosen,
ein wenig Zucker darunter gerieben, auf der
Torte herum gestreuet, welche noch ein wenig mit Zucker übersäet und in einem Ofen
schön gelb gebacken wird.

Biscuit-Torte.

Acht Eyer und 2 Dotter werden mit einem halben Pfund Zucker wohl gerührt,
weil das Rühren die Hauptsache davon ist,
alsdann eine halbe Citrone auf dem Zucker
abgerieben, und mit gerührt; ferner werden anderthalb Vierling Stärkmehl, welches wohl abgetrocknet, und durch einen
Seiher oder Zuckersieb gesiebet worden, nebst
dem Saft von einer Citrone hinein gerührt,
anstatt des Citronensafts kann man auch
Irbseleinsaft nehmen, welches es sehr angenehm macht; ein Tortenmodel wird mit
Butt-

Butter beſchmiert, alsdann mit Zucker oder
Mutſchelnmehl beſtreuet, eingefüllt und ſogleich in den Backofen gethan; wann die
Torte aus dem Ofen kommt, kann man
Zucker mit Irbſelein (Berberis) anrühren,
die Torte damit überſtreichen, oder nach
Belieben damit garniren. Man kann auch
eine platte Biscuit-Torte machen, wenn
man wie obbemeldt einen Ring in die Mitte
eines Beckens ſtellt, und den Taig darein
gießt.

Eine andere Art.

Schlage das Weiſſe von 12 Eyern zu
einem dicken Schaum, indeſſen laſſe die 12
Dotter mit einem halben Pfund Zucker rühren, menge den geſchlagenen Schaum mit
noch 6 Eyerdottern darunter, rühre es eine
Zeitlang, ſetze die Schüſſel auf ein gelindes
Kohlfeuer, rühre es bis der Taig warm,
aber nicht zu heiß iſt, ſetze es wieder weg und
rühre es ſo lange, bis der Taig wieder kalt
und dick iſt, rühre eine Citrone auf dem
Zucker abgerieben darein, und dann anderthalb Vierling fein Stärkmehl, welches
durch das Haarſieb geſiebt werden muß,
ſchmiere einen Model mit Butter, und be-
ſtreue ihn mit Mutſchelnmehl. Von dieſem
halben Pfund kann man einen völlig pfün-
digen Model füllen.

(Bis-

Biscuit-Torte mit Eingemachtem.

Darzu kommt der nämliche Taig, nur daß vor dem Einfüllen in den Model 3 bis 4 Löffelvoll Eingemachtes darein gerührt werden, worzu Johannisbeere das beste sind; damit aber der Taig ein wenig dicker bleibe, werden 2 bis 3 Eyerweiß weniger genommen.

Schwarze Brod-Torte mit Chocolade.

Es werden 8 Eyer und 10 Dotter mit einem Besen dick geschlagen und ein halbes Pfund zart gesiebter Zucker darein gethan; wenn es wieder geschlagen worden, wird ein Viertel-Pfund klein gestosene Mandeln, etwas Nägeln, Zimmet, Citronat und Pommeranzenschalen wohl unter einander gerührt, und alsdann 4 Loth schwarz Brod nur vor dem Einfüllen darein gerührt. Wenn man den Zucker hinein thut, muß man auch eine halbe Tafel fein geriebenen Chocolade hineinrühren.

Eine Glasirung alle Torten damit zu glasiren.

Man stose ein Viertel Pfund feinen Zucker mit einem Eyerweiß und ein wenig Rosen- oder Orangewasser, bis es ein dikker Syrup wird, so kann man damit, was

man

man will, glaſiren. Wenn man nämlich
etwas damit glaſiren will, es ſey eine Torte,
oder ſonſten Gebackenes, welches ſich zum
Glaſiren ſchicket, ſo läßt man ſolches, wenn
es gebacken iſt, erſtlich ein wenig abkühlen,
alsdann mit der angeſchlagenen Glaſur überſtrichen und gegen dem Feuer, oder im ver-
ſchlagenen Backofen, oder in einer Tortenpfanne, nur antrocknen; man kann auch
nur Citronenſaft und Zucker, je nachdem
es etwas iſt, unter einander rühren und damit glaſiren.

Maccaronen-Torte.

Man thut ein halbes Pfund fein geſtoſene Mandeln mit einem Vierling geriebenen Zucker in eine Pfanne, und läßt es
ein wenig auf dem Feuer abkochen, aber
nicht zu viel, daß es nicht trocken wird;
hierauf ſchlägt man von 6 Eyern das Weiſſe
zu einem dicken Schaum, rührt ſolches mit
etwas geſchnittenen Citronenſchalen in den
Mandeltaig, wenn er zuvor ein wenig abgekühlt iſt, man kann auch ein wenig Citronat und Pommeranzenſchalen darein ſchneiden, machet von einem Buttertaig einen
Boden, beſtreichet ihn halb Fingersdick mit
dem Mandeltaig ſchön glatt, ſchläget noch
ein paar Eyerweiß mit etwas Zucker und
ein

ein wenig Rosenwasser, überstreichet die Torte und backt sie langsam.

Saure Rohn-Torte.

Zu 4 Eyern nimmt man einen Koch-löffel voll weiß Mehl, und von 2 Maas ge-standener Milch den Rohn, rührt solches wohl durch einander nebst ein wenig Salz, füllet es in einen guten Buttertaig, und oben leget etliche Stücklein Butter darauf, alsdann backet es schnell.

Erdbiren-Torte.

Man nimmt ein ViertelPfund Man-deln und ein ViertelPfund gesotten und klar geriebene Erdbiren, 8 Eyer, einen Vierling Zucker, den Zucker rührt man eine halbe Stunde allein; hierauf wird ein ViertelPfund Mandeln gestosen, und mit den geriebenen Erdbiren darunter gethan, nebst etwas Zimmet und geschnittenen Ci-tronen, und mit einander noch einmal eine halbe Stunde gerührt, sodann wird der Mo-del mit Butter gestrichen und Semmelmehl gestreuet, der Taig hineingethan und eine halbe Stunde gebacken.

Eine andere Art.

Man nimmt einen Vierling geriebene Wecken (wovon die äusserste braune Rinde

L

zuvor weggerieben wird) einen Vierling ge»
sottene und zart geriebene Grundbiren, nicht
gar einen Vierling abgezogen» und gestosene
Mandeln, einen Vierling Zucker, rührt es
wohl mit 4 ganzen Eyern und 4 Dottern,
und thut etwas geschnittene Citronen daran.
Hierauf werden die übrige 2 Eyerweiß zum
Schnee geschlagen und vor dem Einfüllen dar»
ein gethan, es wird ein Model beschmiert,
mit Semmelmehl bestreuet und gebacken.

Milch-Torte.

Es wird ein Vierling gestosene Mandeln
mit Rosenwasser gestosen, 4 bis 5 Eyerdot»
ter wohl unter einander gemacht, ohngefähr
anderthalb Schoppen Milch siedend gemacht,
etwas Zucker hinzu gethan, die Mandeln
und Eyer mit angerührt, und auf den Koh»
len aufgekocht, bis es dick ist, aber lang»
sam unter beständigem Umrühren, alsdann
vom Feuer gethan, geschnittene Citronen,
Citronat und Zucker daran nach Belieben
gethan; wenn es erkaltet, wird der Taig
damit gefüllt, doch nicht zu dick, mit oder
ohne Deckel, ohne Deckel wird es mit
Zucker bestreuet, oder wenn es halb gebak»
ken, mit Eyerweiß und Zucker.

Eine

Eine Torte.

Es werden anderthalb Vierling Mandeln groblecht geſtoſen und ein Vierling Zukker darunter, die Mandeln müſſen aber trocken ſeyn, wenn man ſie ſtößt; alsdann wird Zimmet und Nägeln nach Belieben hinzu gethan, von einer Citrone die Schale klein geſchnitten, 3 Eyerweiß zum Schaum geſchlagen und alles unter einander gemacht, hierauf wird eine Torte von Oblaten formiret und der Taig darauf gegoſſen; in die Mitte kann man eingemachte Sachen thun, und wenn es aus dem Ofen kommt mit Eiß zieren.

Mandel-Torte.

Ein Vierling Mandeln wird abgezogen, und mit Roſenwaſſer geſtoſen, mit 6 Loth Zucker, mit 2 Eyergelb und 3 ganzen Eyern ſehr wohl gerührt, auch werden etwas geſchnittene Citronen daran gethan, ein beliebiger Model mit Butter geſchmieret, mit Mutſchelnmehl beſtreuet, der Taig eingefüllt und langſam gebacken.

Noch eine andere Art.

Ein halbes Pfund Mandeln wird abgezogen und zart geſtoſen, und mit anderthalb Vierling Zucker, mit 9 Eyergelb und 4 gan-

zen Eyern wohl gerührt, die Mandeln wer=
den mit diesem gerührten Taig nach und nach
angerührt, vor dem Einfüllen wird eine Citro=
ne oder Pommeranze auf dem Zucker abge=
rieben und auch darein gerührt; man be=
streicht die Formen mit Butter und besäet
sie mit Mutschelmmehl, alsdann läßt man
es in einem Ofen, der nicht zu heiß ist,
langsam backen; man kann auch Citronat
und Pommeranzenschalen darein thun.

Pommeranzen=Torte.

Man nehme ohngefähr von 6 Pomme=
ranzen und einer Citrone die Schale, siede
sie im Wasser waich, wenn sie wieder erkal=
tet, werden sie von hart gesottenen Eyern mit
6 Eyergelb ganz klein gestosen, es wird ein
Stücklein Butter und etwas Zucker auch
zum Stosen genommen, und dann wird es
aus dem Mörser in eine Schüssel gethan,
noch mit ein paar Eyergelb und etwas Zuk=
ker angerührt; ferner wird von ohngefähr
4 Eyern das Weisse zu Schnee geschlagen,
solches auch darein gerührt, und in einen
Buttertaig, der zuvor ein wenig in einem
breiten Blech gebacken wird, eingefüllt,
oben darauf wird etwas Zucker gestreuet,
und dann vollends schön gelb im Backofen
ausgebacken.

Eine

Eine Torte von geriebenem Taig.

Man nehme ein halbes Pfund Butter, ein völlig halbes Pfund Mehl, 2 Eyergelb, einen Löffelvoll Rosenwasser und einen Löffelvoll Wein, einen halben Vierling Zucker; mache dieses auf dem Nudelnbrett unter einander und überschlage es 2 bis 3 mal; der Taig wird Messerruckendick ausgewellt, eine Torte daraus formiret, welche mit einer Mandelfülle, Aepfelfülle oder Eingemachtem gefüllt wird, oben darauf wird ein Gitter von dem Taig gemacht, mit einem Ey bestrichen und mit Zucker besäet.

Chocolade-Torte.

Zehen Loth Zucker werden mit 4 ganzen Eyern und 4 Dottern wohl gerührt, alsdann werden 4 bis 5 Löffel Chocolade nebst Zimmet und Nägeln darein gerührt; ferner 6 Loth Mehl darein gethan, und wie gewöhnlich in einen bestrichenen Model gethan und im Backofen gebacken.

Schmalz-Torte.

Ein Vierling Schmalz wird wohl gerührt, von einer Citrone die Schale auf dem Zucker darein abgerieben, und ein ganzes Ey, 6 Dottern, nebst einem Vierling Zucker gerührt, zuletzt werden 4 Loth Mehl

dare

darein gerührt, und in einem Tortenmodel gebacken; man kann es hernach in ein Bekken füllen, auf ein Blech mit Butter beschmiert giessen, und einen Rauft von Papier darum machen; wenn sie langsam gebacken, wird eine Glasur von Citronensaft und Zucker darauf gemacht; man kann auch ein Eiß von Zucker und Eyerweiß darüber machen.

Ein Taig zu einer Torte.

Ein halbes Pfund Butter wird gerührt mit 5 Eyerdottern; wenn er recht gerührt worden, läßt man den Butter erkalten, thut ihn auf das Nudelnbrett, hackt etwas Salz und Mehl darunter, bis es ein gelindes Taiglein ist, wellet es aus und füllet eine Torte und bedecket es mit dem Taig; man kann auch ein Eiß, wenn man will, darüber ziehen.

Eine Rosinlens-Torte.

Die Rosinlein werden, wenn sie sauber gewaschen worden, mit einem Wein und etwas Zucker über die Kohlen gesetzt, bis sie sich aufquellen, alsdann wird Zimmet und etwas geschnittene Citronen daran gethan; auch etwas Citronat und Pommeranzenschalen; hierauf wird ein Blech mit

But-

Buttertaig ausbelegt, wann die Rosinlen
erkaltet sind, werden sie auf dem Buttertaig
herum gethan, wer will, kann auch zuvor
den Boden mit geschnittenen Mandeln besäen, es wird ein Vierling Zucker mit 4
kleinen Eyern wohl gerührt, und etwas abgeriebene Citronen darein gethan, sodann
wird der Taig auf die Rosinlein gegossen,
mit etwas Zucker überstreuet und im Backofen langsam gebacken. Wenn die Torte
fertig ist, so kann man ein halbes Eyerweiß
mit Zucker abrühren, etwas Citronensaft
daran drucken, die Torte damit überziehen,
und das Eis im Ofen noch gelb werden lassen.

Kuchen.

Kuchen.

Ein Apfelkuchen mit einer Brod-cruste.

Es werden Aepfel gedämpft mit ein wenig
Waſſer und Wein, auch Zucker und Zimmet, alsdann verrührt und Roſinlen und
Zibeben darunter gethan, welches darauf erkalten muß; ferner werden von gutem Bek-
kenbrod 4 bis 5 gute Händevoll Brod auf
dem Riebeiſen gerieben und im Schmalz
ſchön gelb geröſtet, aber nicht, daß es zu
viel Schmalz habe; alsdann wird es auf
eine Platte gethan und ohngefähr eine gute
Handvoll Zucker, und Zimmet nach Gutdünken unter das Brod vermiſcht; nach dieſem wird ein runder etwas tiefer Caſſerol
wohl mit Schmalz geſchmiert, ein wenig
mit Zucker beſtreuet, und mit Brodbroſamen durchaus beſtreuet, oder ſie werden vielmehr hineingedruckt, daß man nichts mehr
vom Caſſerol ſiehet, es wird eine Lage von
den gedämpften Aepfeln darein gethan, und
eine Lage von dem Brod, alsdann wieder
Aepfel und darnach wieder Brod; wenn
man es hat, kann man es noch einmal ſo
ma-

machen, es muß eben zuletzt mit Brod bedeckt seyn; hierauf wird es auf Kohlen gesetzt, und oben auch ein Deckel mit Kohlen
darauf gelegt; wenn es rösch gebacken, wird
es umgestürzt und auf den Tisch gegeben.
Noch besser ist es in einem Backofen; man
kann es auch in einem blechernen oder irrdenen Geschirr machen.

Ein Apfelkuchen.

Man kocht halbe Aepfel wie zu einem
Compote, und läßt die Sos so kurz als
möglich einkochen; würden die Aepfel zu
waich, so werden sie herausgethan, wo man
sodann die Sos bis auf ein paar Löffelvoll
einkochen läßt; hierauf legt man ein rundes
Blech oder Becken mit Buttertaig aus,
thut ein Stücklein Butter wie ein Ey, ein
paar Löffelvoll süssen Rohn und ein halbes
Löffelein voll fein Mehl darein, und macht
dieses alles wohl unter einander, mit 4 bis
5 Eyern und ein paar Löffelvoll von der
Apfelsose, auch noch ein wenig Zucker.
Dieses alles unter einander wird auf den
Buttertaig gegossen, die Masse muß eben
ohngefähr Fingersdick auf dem Taig seyn,
die halben Aepfel auf dem Taig herumgesetzt,
mit etwas Zucker übersäet und im Backofen
gebacken: wer will, kann auch ein Händlein

voll

voll Mandeln unter den Guß stosen. Wenn
der Kuchen aus dem Ofen kommt, kann
man etwas Zucker läutern und davon mit
einem Löffel auf jeden Apfel etwas herum
thun, daß die Aepfel, so weit sie blos sind,
schön glänzend davon werden.

Kuchen von Himbeeren, Kirschen oder Beerlein.

Es wird ein halbes Milchbrod oder
Wecken gerieben, darzu werden 3 Löffelvoll
Mehl genommen, solches mit Milch angemacht, nebst 4 bis 5 Eyern und Zucker nach
Gutdünken, auch ein Stücklein Butter wie
ein Ey darzu gethan. Der Taig muß seyn,
wie ein dicker Flädleinstaig; hierauf wird
ein Becken oder flache Schüssel mit Butter
oder Schmalz wohl geschmiert, der Taig
darein geschüttet, und so viel Himbeere darein gethan, daß ein jeder am andern liegt,
sie fallen hernach von selbst im Backen hinab. Eben dieses kann man auch von Kirschen oder Johannisbeeren machen, und im
Ofen schön backen.

Johannisbeer-Kuchen.

Es werden ein Viertel Pfund Mandeln
und 2 Loth bittere Mandeln abgeschält und
recht fein gestosen, und mit einen Vierling
Zucker

Zucker und 4 Eyerdottern wohl gerührt, alsdann werden 2 bis 3 Löffelvoll eingemachte Johannisbeerlein darein gerührt, wenn
sie vest sind, werden sie ein wenig zerlassen, darauf wird das Weisse zum Schnee
geschlagen und darunter gerührt, man kann
auch etwas Citronen auf dem Zucker abreiben und darein thun; ferner wird ein Blech
mit Buttertaig ausbelegt, die Masse darein
gefüllt und im Backofen langsam gebacken.

Ein guter Quitten- oder Apfelkuchen.

Die Quitten werden waich gesotten, sodann wird das Mark von den Quitten abgeschaben und eine Handvoll geriebene Wek-
ken, eine Handvoll klein gestosene Mandeln,
klein geschnittene Citronen und Citronat,
auch Zimmet darzu gethan, die Quitten
müssen ohngefähr 3 bis 4 gute Löffelvoll
seyn; an dieses wird ohngefähr 8 Eyergelb
geschlagen, und Zucker bis es süß genug ist,
darzu genommen; wenn es wohl unter einander gerührt ist, werden ohngefähr 6 Eyerweiß zu einem Schaum geschlagen und ganz
leicht darein gerührt, ein Becken wird mit
Buttertaig ausbelegt, die Masse darein gethan, oben mit fein geriebenen Wecken oder
Milchbrod, worunter etwas Zucker und
Zimmet gemengt ist, völlig Messerruckendick

dick überstreuet, mit dünnen Scheiblen Butter überlegt, und im Backofen gebacken.
Auf die nämliche Art kann man es auch von
wohlgedämpften Aepfeln, die nicht wässe-
richt sind, machen.

Ein Zefenkuchen.

Ein halb Pfund Butter wird wohl gerührt, 6 Eyer mit 3 Vierling fein Mehl
nach und nach hinein gerührt, 3 Loth süsse
und bittere zartgestosene Mandeln, 3 Loth
Zucker, etwas Salz, ein süsser Rohn und
ein Löffelvoll Bierhefen, etwas Citronen
auf dem Zucker abgerieben darzu gethan;
wenn es recht wohl gerührt, in ein Becken
oder Blech, welches geschmiert seyn muß,
gethan, und ein Ring darum gemacht, worauf man es gehen läßt, aber nicht zu hoch,
und langsam backt; der Taig muß etwas
dick aus der Schüssel im Einfüllen lauffen.

Ein gefüllter Kuchen.

Man nimmt ein halb Pfund Mehl, anderthalb Vierling Butter, 3 Loth Zucker,
ein ganzes Ey, ein Löffelvoll Wein, und
macht es auf dem Backbrett unter einander: alsdann wellet man 2 gleiche runde
Kuchen daraus, den einen davon setzt man
auf ein Blech, mit Mehl gestreuet, stößt
an-

anderthalb Vierling Mandeln samt den
Schalen, nachdem sie zuvor mit einem saubern Tuch abgerieben und ausgelesen sind;
wenn sie klein gestosen worden, so werden
unter die Mandeln anderthalb Vierling Zukker, von einer Citrone, die auf dem Zucker
abgerieben wird, sowohl das Abgeriebene
als auch der Saft an die Mandeln gerührt,
auch ein halb Loth Zimmet, zwey zum
Schnee geschlagene Eyerweiß, an die
Mandeln gerührt und der Kuchen damit
überstrichen; der andere Kuchen wird darauf
gelegt, mit einem Eyerweiß bestrichen und
mit grobgestosenem Zucker überstreuet. Man
kann auch einige Mandeln abziehen, dünne
schneiden und darauf streuen; wenn man
will, kann auch Citronat und Pommeranzenschalen unter die Fülle genommen werden. Man muß einen blechernen Ring, damit die Torte nicht aus der Form komme,
noch vor dem Backen herum thun.

Ein Erdbirenkuchen.

Es werden geriebene Erdbiren auf das
Nudelnbrett genommen, ohngefähr 2 bis 3
Händevoll, solche werden mit ein paar Löffelvoll Mehl mit der Hand unter einander
gemacht, daß der Taig ganz zäh wird; alsdann wird ein halber Kreuzerwecken zu ge-
ränk-

ränftelten Stücklein geschnitten, und im Schmalz gelb geröstet, nebst einem geschnittenen Zwiebelein, und auch in den Taig gewürkt, mit etwas Salz; wer will, kann auch ein oder zwey Eyer darzu nehmen; hierauf wird ein runder Kuchen darauf formirt, 2 Finger dick, ein Schmalz in einem eisernen Pfännlein heiß gemacht, und der Kuchen auf beyden Seiten gelb gebacken; wenn er bald gar ist, verkleppert man ein Ey, gießt es darüber, und macht es vollends gelb. Von dem Taig kann man auch runde kleine Küchlein auf ein Gemüß machen, oder wie Schwedenknöpflen traktiren.

Ein Wienerkuchen.

Rühre anderthalb Pfund Butter mit 16 Eyerdottern, einen nach dem andern, thue auch ein Viertel Pfund Zucker, eine abgeriebene Citronenschale, einen halben Schoppen süssen Rohn, einen Löffelvoll gute Bierhefen dazu; das Eyerweiß wird zu einem Schaum geschlagen, und solches nebst einem Pfund fein Mehl eingerührt, auch in eine beliebige Form gethan, welche wie sonst präparirt seyn muß und hernach an einen warmen Ort gesetzt; wenn es anfängt schön zu gehen, so wird es langsam im Backofen gebacken.

Ein

Ein Eyerkuchen.

Nehme 5 bis 6 Eyer, schlage diese wohl unter einander mit guter Milch, lasse es über dem Feuer zusammen gerinnen, und dann das Wasser davon lauffen, waiche ein Milchbrod ohne Rinde in süssem Rohm, rühre es nebst ein paar Eyergelb unter die Eyer ganz glatt, thue etwas Zucker, Zimmet, Rosinen, Citronen dazu, fülle es in einen Taig, wenn er halb gebacken, mache ein Eiß darauf, und laß es vollends ausbacken.

Wienerküchlein.

Rühre anderthalb Vierling Butter mit 6 Eyerdottern, einem Vierling Zucker und einem halben Pfund Mehl, schmiere blecherne flache Mödelein ein wenig mit Butter, thue einen Löffelvoll Taig hinein, mache ihn in die Breite, thue etwas Eingemachtes hinein, und bedecke es wieder mit Taig; man kann auch weniger Eyer und Butter und Zucker nehmen, und dann ein wenig Milch und Bierhefen; hernach etwas gehen lassen.

Ein Kirschenkuchen.

Man nimmt Mehl, Eyergelb, ein Stück Butter, ein wenig Zucker und Salz, macht einen geriebenen Taig, treibt ihn aus,

aus, schmiert das Blech mit Butter, legt den Taig darein, die Kirschen darauf, rühret 10 Eyergelb, einen Schoppen dicken sauren Rohn und etwas Zucker wohl unter einander, schüttet den Guß darauf und streuet Zucker. Wenn die Kirschen ausgesteint worden sind, ist es besser.

Hefenbackwerk.

Hefen-Biscuit.

Ein halbes Pfund frischer Butter wird mit 8 Eyergelb und 2 ganzen Eyern wohl gerührt, alsdann werden 4 Löffelvoll süsser Rohn, 2 Löffelvoll Bierhefen, 2 Löffelvoll Zucker, ein wenig Salz, ein halbes Pfund Mehl unter einander gemacht, das Weisse wird zum Schnee geschlagen, und vor dem Einfüllen darein gerührt, sodann werden ungefähr 30 bis 40 Käpselein von Papier gemacht, darein obiges gefüllt wird, worauf man solche gehen läßt; ferner werden sie mit etwas Eyerweiß bestrichen, mit langlecht geschnittenen Mandeln übersäet, mit Zucker bestreuet und in einem Backofen langsam wie Biscuit gebacken.

Nürn-

Nürnberger Küchlein.

Es werden 4 Loth Butter mit 4 Eyergelb wohl gerührt, 2 Löffelvoll Bierhefen, nicht gar 1 Schoppen süsse Milch, etwas Zucker, ein wenig Salz, 1 Pfund Mehl, alles mit der Milch wohl angemacht und geklopft, bis es in der Dicke recht sey, und alsdann läßt man den Taig gehen. So kann man Küchlein daraus formiren, wie man will, und aus einem nicht gar zu heissen Schmalz backen.

Der Taig muß in der Dicke so seyn, daß man ihn leicht wellen kann.

Ein Hefenkuchen.

Von obgemeldtem Hefen-Biscuittaig wird ohngefähr anderthalb Fingersdick auf ein Blech, das mit Butter beschmiert ist, gegossen, die Gröse davon steht zu Belieben, man kann auch nur von der halben Masse einen kleinen Kuchen machen; dieses belegt man mit etwas Eingemachtes, begießt es wieder von diesem Taig, eben so dick, macht einen Ranft von Papier 3 Finger hoch darum; hat man einen blechernen Ring, so ist es desto besser; läßt es bey temperirter Wärme gehen, und behandelt es wie zuvorbeschriebenes Biscuit; man kann solchen

M   Ku

Kuchen auch ungefüllt machen, oder den Taig nur so laffen, oder Rosinlein darein thun.

Hefenkücklein.

Es werden 4 Loth Butter mit 5 Eyergelb recht wohl gerührt, alsdann ein guter Löffelvoll Bierhefen, der halbe Theil von nicht gar einem halben Schoppen gute Milch, sodann ein halb Pfund Mehl, und Salz nach Gutdünken darein gethan; dieser Taig muß so lange geklopft werden, bis er ganz vom Löffel fällt, sodann wird er ausgewellt, und viereckigte Stücklein daraus geschnitten; der Taig muß Fingersdick seyn, ein Blech wird mit ein wenig Butter beschmiert, Mehl darauf gestreuet, die Stücklein darauf gesetzt, und wenn sie gegangen, mit einem Ey bestrichen, auch mit Kümmel und Salz bestreuet; wenn man will, kann man sie auch mit halben Mandeln belegen, und dann im Backofen backen. Wenn man süssen Rohn nimmt, werden sie besser.

Canstatter Brezeln.

*). Man nimmt ein völlig halbes Meßlein Mehl, einen Vierling Zucker, einen halben Vierling Butter, 6 Eyerweiß, die man zum Schaum schlägt, etwas Rosenwasser, und wenn es nicht naß genug ist, ein

ein wenig Milch): dieses alles wird wohl
unter einander gemacht, ein guter Löffelvoll
Bierhefen, etwas Anis oder nur Citronen
darzu gethan, kleine Brezeln daraus gemacht,
ein Blech mit ein wenig Butter geschmiert,
die Brezeln darauf gesetzt, wo man sie ein
wenig gehen läßt, mit einem Ey, worinnen
etwas Honig oder Zucker ist, bestrichen,
und in einer frischen Hize gebacken.

Eine andere Gattung.

Man nimmt einen guten halben Vierling Zucker, ein Stücklein Butter wie ein
Ey, 2 Eyergelb und ein ganzes Ey, Anis,
und etwas Citronen, mit Milch und ein
Löffelvoll Bierhefen, und behandelt es wie
oben.

Gefüllte Hefenküchlein.

Man macht den gewöhnlichen Hefentaig
süß oder gesalzen, den man zu allen Gattungen
Hefenbackwerk gebrauchen kann: die sogenannte Seelen-Zuckerbrezetlein, Butter-
ring, Hefenwecklein, werden wie folget gemacht. Ein halbes Pfund Mehl wird mit
lauer Milch und einem guten Löffelvoll Bierhefen angemacht, wie ein Spätzlenstaig;
wenn er in temperirter Wärme gegangen,
wird ein halbes Pfund Butter, welches zu-

M 2 vor

vor zu kleinen Stücklein geschnitten, und in
einem warmen Zimmer gestanden, daß er
sich wohl drucken läßt, und doch nicht schmal-
zicht geworden, mit einem Löffel in den Taig
gerührt, nebst 6 Eyern; wenn man die Eyer
nicht sparen will, so kann man noch zwey
Dotter von den Eyern darzu thun; alsdann
kann man entweder den Taig mit ohngefähr
ein paar Handvoll Zucker süß machen, worzu immer auch ein wenig Salz kommt, oder
man kann den Taig ganz gesalzen machen;
hierauf wird noch ein Löffelvoll Bierhefen,
und ein halbes Pfund Mehl in den Taig
gerührt; sollte er etwas zu dick seyn, wird
noch etwas Milch genommen, er muß eben,
wenn er rechtschaffen geklopft ist, so beschaffen seyn, daß er sich vom Löffel abschält;
alsdann läßt man ihn wieder zur Hälfte in
der Schüssel gehen, nimmt ihn zum beliebigen Gebrauch, wie im ersten Theil schon
gemeldet ist. Davon kann man auch einen
Theil auf das Nudelnbrett nehmen, solchen
nicht gar klein Fingersdick auswellen, einen
Löffelvoll Eingemachtes oder Apfelfülle,
Quittenfülle, auch Rosinlein daran thun,
welche zuvor im Wein, Zucker, Zimmet
und Citronen gekocht werden, daß sie waich
seyen, nämlich in einer kurzen Soße, welche
daran einkochen muß, von jedem wird ein
Löffelvoll auf dem Taig herum gethan, mit
einem

einem nämlichen ausgewellten Taig zuge⸗
deckt; da sodann die Küchlein mit einem
Glas oder blechernen Ring nach Belieben aus⸗
gestochen werden; der übrige Taig wird wie⸗
der zusammengemacht, und sofort behandelt,
alsdann auf ein mit Mehl bestreutes Blech
gesetzt, worauf man es noch einmal gehen
läßt, mit einem Ey bestreicht und mit Zuk⸗
ker bestreuet; man kann auch groblecht ge⸗
stosene Mandeln unter den Zucker nehmen.

Hefen⸗Anisbrod.

Ein halbes Pfund Mehl wird mit guter
Milch und einem guten Löffelvoll Bierhefen
wie ein Spätzlenstaig angemacht, wenn die
Nacht nicht gar zu lang und die Zeit über
Nacht anzumachen bequem ist, so ist es bes⸗
ser; alsdann wird noch ein völliges Pfund
Mehl, ein Vierling Zucker, 5 bis 6 Eyer,
geschnittene Citronenschalen darzu gethan,
solches vollends mit lauer Milch und 1 oder
2 Löffelvoll Bierhefen angemacht, wie ein
dicker Spätzlenstaig, hernach wohl geklopft,
bis er sich vom Löffel schält, auch Anis
nach Belieben darein geklopft; den Taig
läßt man noch ein wenig gehen; hierauf
wird er auf das Nudelnbrett heraus genom⸗
men, Wärgeln davon gemacht, so lang man
will, aber ohngefähr 4 Finger dick, zu dem

Auf⸗

Aufwärgeln wird unter das Mehl ein wenig
Zucker gemischt, ein Blech mit Butter geschmiert, mit Mehl bestreuet und jenes darauf gesetzt, welches man wieder langsam gehen läßt und in einem nicht gar zu heisen
Ofen, weil sie sonsten gar zu braun werden,
backt; wenn sie über Nacht gelegen, werden sie zwey Messerruckendick zu Schnitten
geschnitten, und im Backofen schön gelb gemacht; will man sie aber noch besser haben,
wird Zucker und Zimmet auf einem Teller
vermischt, die Schnitten darinn umgekehrt,
und in einer breiten Schüssel auf einander
gesetzt, die man über Nacht stehen läßt,
und dann wie obbemeldt auf einem Blech
im Backofen gelb gemacht. Dieses ist das
beste Backwerk, um es lange aufzubehalten,
in Thee und Caffee zu tunken, und kalte
Schalen davon zu machen.

Zweyback.

Es wird ein völlig halbes Pfund Mehl
mit guter Milch und Bierhefen angemacht,
wie ein dicker Spätzlenstaig; wenn er gegangen, so wird ein Vierling Butter nebst
4 Eyern und 2 Dottern darein gerührt, auch
ein guter Vierling Zucker, noch ein Löffelein voll Bierhefen, und noch ein völlig halbes Pfund Mehl daran gethan; der Taig
wird

wird wohl geklopft, wenn er nicht veſt ge=
nug iſt, darf man noch Mehl nehmen, der
Taig muß ſeyn, wie ein dicker Hefentaig,
und man läßt ihn wieder etwas gehen; als=
dann wird ein Blech mit Mehl beſtreuet,
und von dem Taig nicht gar zwey Finger
dick und völlig zwey Finger lang Wärgelein
aufgeſetzt; wenn ſie wieder gegangen, aber
nicht zu warm, daß ſie nicht in die Breite
gehen, werden ſie in einem Backofen, der
nicht gar zu heiß iſt, ſchön gelb gebacken;
wenn ſie abgekühlt ſind, werden ſie mit ei=
nem guten Meſſer der Länge nach von ein=
ander geſchnitten, und gern erſt in drey oder
vier Stunden wieder auf einem Blech in
Backofen gethan, ſo lange bis ſie durchaus
ſchön gelb ſind; ſollten ſie im erſten Backen
auf dem Boden zu braun worden ſeyn, kann
man ſie abſchärren, vordem von einander
ſchneiden; man kann auch Citronen oder
Zimmet in den Taig thun; man kann ſie
lang aufbehalten, im Thee, Caffee, oder
trocken eſſen; wenn man den Taig mit ſüſ=
ſem Rohn anmacht, kann man weniger
Butter nehmen, das Blech muß mit ein
wenig Butter geſchmiert werden, und wenn
das Anläßlein über Nacht angemacht wird,
iſt es auch recht, aber nur ſpät muß es ge=
ſchehen.

　　　　Leichte

Leichte Kogelhöpflein.

Man nimmt 12 Loth Schmalz oder Butter, rührt eine halbe Stunde, hernach 16 Eyer, 24 Loth Mehl, 6 Löffelvoll süssen Rohn, 2 Löffelvoll Hefen, thut Salz daran, schmiert den Model mit Butter, und rührt eine Stunde den Taig, so ist er gut.

Ein guter Gugelhopfen.

Es wird ein Vierling Butter mit vier Eyern wohl gerührt, alsdann wird andert-halb Vierling Mehl mit süsser Milch und ein paar Löffelvoll Bierhefen angemacht, wie ein Spätzlenstaig, hernach unter den ge-rührten Butter und Eyer hineingerührt, ein wenig Salz und Zucker daran gethan, auch Citronen auf dem Zucker abgerieben. Will man es aber nicht süß haben, so nimmt man mehr Salz, läßt Zucker und Citronen weg, und thut Rosinlen und Zwiebeln dar-ein, schmiert den Model mit Butter, be-säet es mit ein wenig dünne geschnittenen Mandeln, und bestreuet dann mit Zucker: alsdann füllt man ein, läßt es gehen, und backt es im Backofen.

Ein Kranz von Hefentaig.

Man rührt einen Vierling mit 4 Eyern wohl, alsdann 3 Vierling Mehl und Milch,

bis

bis der Taig wie ein dicker Spätzlenstaig
ist, auch 2 Löffelvoll Bierhefen, einen halben Vierling Zucker und etwas Anis, wer
will, kann auch Citronen darein thun, auch
ein wenig Salz; dieses wird wohl geklopft,
man läßt es ein wenig in der Schüssel gehen, und macht alsdann 3 Wärgeln daraus
ohngefähr 4 Finger dick, flicht sie locker zusammen, wie einen Zopf, macht sie in der
Rundung, daß es mitten wohl offen ist,
setzt es auf ein Blech mit ein wenig Butter
geschmiert und Mehl bestreuet, läßt es langsam gehen, streicht es mit einem Ey, zieht
alsdann Mandeln ab, stoßt sie groblecht,
vermengt solche mit Zucker und bestreuet damit den Kranz, thut ferner noch Zucker
dick darauf und backt es im Backofen.
Man kann auch, da des Taigs viel ist,
solchen zertheilen, und je aus drey Riemen
2 Zöpfe davon machen.

Knollenküchlein.

Es werden ohngefähr 3 bis 4 Löffelvoll
Klumpen, oder sogenannte Knollen von saurer Milch in ein Schüsselein gethan, drey
Eyer daran geschlagen, ein Löffelvoll Bierhefen, und Salz nach Gutdünken daran gethan, mit dem Mehl vollends dick gemacht,
bis es vom Rührlöffel gehet, wenn es wohl

unter

unter einander ist, wird eine Handvoll sauber gewaschene Rosinlein darein gerührt,
alsdann wird ein groser Löffelvoll auf das
Nudelnbrett herausgenommen, und langlecht gewärgelt; wenn sie alle so zurecht gemacht und ein wenig gegangen sind, wird
ein Becken mit Butter geschmiert, die Nudeln darein gesetzt, nochmalen mit Butter
überstrichen und im Backofen gebacken; man
kann sie auch in etwas siedend Schmalz se-
zen, siedend Schmalz darüber geben, und
in einer Tortenpfanne backen.

Einen Hefen-Zwiebelkuchen ohne Eyer im Winter zu gebrauchen.

Es wird ein Hefentaiglein angemacht,
ein Ey, ein Stücklein Butter wie ein Ey,
ohngefähr ein halb Pfund Mehl mit einem
Löffelvoll Bierhefen und Milch angemacht,
daß man den Taig locker auswellen kann,
ein Becken mit Butter geschmiert, alsdann
ausgewellt, und darein gethan; ferner werden ziemlich Zwiebeln geschnitten, in einem
Stück Butter verdämpft, gesalzen und ein
wenig Kümmel darunter gethan; wenn der
Kuchen gegangen, werden sie darauf herum
gelegt, und im Backofen gebacken.

Schmalz-

Schmalzgebackenes.

Gebackene Aepfel.

Diese werden zu Schnitz oder Rädlein geschnitten, alsdann werden von einem guten Brod die Brosamen fein gerieben, 1 oder 2 Eyer zerkleppert, die Aepfel mit der Gabel darinnen umgekehrt, sodann mit Brodbrosamen so dick als es hebt, überstreuet, langsam im Schmalz gebacken, auf ein Fließpapier oder auf geschnitten Brod heraus gelegt, und sogleich mit Zucker und Zimmet bestreuet.

Eine andere Art.

Etliche Löffelvoll Mehl werden mit lauem weißen Bier angemacht, darzu wird einer wälschen Nuß groß siedend Schmalz, ein Theelöffelein voll Zucker, 2 bis 3 zum Schnee geschlagene Eyerweiß, gethan; der Taig wird in der Dicke mit Bier so gemacht, daß er nicht zu dick und nicht zu dünne ist, davon man eine Probe machen kann. Auf diese Art kann man auch grüne oder dürre Zwetschgen backen. Die
dürre

dürre werden abgesotten, anstatt des Steins
wird eine Mandel darein gethan, und wie
die Aepfel gebacken.

Kräpflein im Schmalz gebacken.

Es wird von lauter Eyerdottern und feinem Mehl ein Taig gemacht, und solcher
so dünn als zu Nudeln ausgewellt, auch
ein wenig gesalzen; hierauf werden Kräpflein gefüllt, mit einem Ey gestrichen, daß
sie zusammen bleiben, alsdann mit dem
Küchlensrädlein ausgeschnitten, und schnell
schön gelb im Schmalz gebacken, und mit
Zucker bestreuet. Man kann auch ein klein
wenig süssen Rohn zu dem Taig nehmen.

Pfaffenhütlen.

Es wird ein Vierling Mehl, ein wenig
Zucker, ein Ey, Butter so groß wie eine
wälsche Nuß, ein Löffelvoll süsser Rohn,
und in Ermanglung dessen süsse Milch genommen, auf einem Nudelnbrett wie ein
Nudelntaig gewürkt, und der halbe Theil
davon so dünn wie Nudeln ausgewellt; mit
einem Schoppen Glas werden Stücklein
davon ausgestochen, alsdann wird in einem
Schmälzpfännlein Schmalz heiß gemacht,
und ein so rundes Stück in das Schmalz
gelegt, aber sogleich mit einem dicken Rühr-
löffel-

löffelstiel in die Mitte gedruckt, auch an dem Schmälzpfännlein ein wenig herumgedreht, daß es in der Mitte eine Höhlung bekommt, und wie gewunden aussieht; es muß aber ganz schnell gehen, daß sie mehr weiß als gelb sehen, wenn sie gebacken sind. Man legt sie umgekehrt auf geschnitten Brod, streuet sie alsdann ein wenig mit Zucker und thut in die Mitte etwas Eingemachtes.

Sprizen Gebackenes.

Man nimmt einen Schoppen Milch, Zucker und ganzen Zimmet, und Citronenschalen, ein wenig Salz, anderthalb Pfund fein Mehl, rühret es schnell hinein, wann die Milch siedet, so lange bis das Castrol trocken ist, und läßt den Taig ein wenig kalt werden; darnach lieset man die Citronenschalen und den Zimmet wieder heraus, und rühret den Taig mit 6 Eyern recht glatt, so lange bis man ihn in die Sprize füllen kann, läßt das Schmalz nicht ganz heiß werden, stoßt den Taig halb Fingers lang heraus, schneidet ihn mit dem Messer ab, 12 oder 15 Stänglein so viel man in das Casserol bringen kann, schüttelt sie recht, und läßt sie nur schön braun stets backen.

Zim-

Zimmetkränzlein.

Ein halb Pfund Mehl, ein Vierling Butter, nicht gar ein Vierling Zucker, zwey Eyer, Zimmet nach Belieben werden unter einander gemacht, wie ein Nudelntaig; wenn die Eyer nicht hinlänglich sind, wird er vollends mit Rosenwasser zurecht gemacht; man würke den Taig recht, schneide Stücklein davon, mache sie rund und klebe sie mit einem Ey zusammen, mache mit der Scheere oben Schnittlein darein, und backe sie im Schmalz. Man kann die Spitzlein mit Eiß zieren.

Herzlein im Schmalz gebacken.

Es werden ein halb Pfund Mehl und ein Vierling Zucker mit Eyern angemacht, bis man den Taig auswellen kann, hernach Herzlein, oder was man will, davon ausgestochen und im Schmalz gebacken.

Ein Schmalzgebackenes, woraus man verschiedene Sachen ausschneiden kann.

Es wird Eyerdotter und etwas Zucker mit Mehl angemacht, ausgewellt, unterschiedliche Sachen, z. E. Buchstaben rc. daraus geschnitten und im Schmalz gebacken.

Küch-

Küchlein im Schmalz gebacken.

Man nimmt 3 Eyer, ein paar Loth Zukker, ein wenig Rosenwasser, macht dieses
mit Mehl an, bis es ein Taig ist, wellt
es alsdann aus, und schneidet 3 Loth Butter darein; hierauf wird der Taig überschlagen, bis der Butter eingewellt ist, und
Küchlein daraus gemacht, und dann im
Schmalz gebacken.

Zimmet-Rollen.

Man nehme ein halbes Pfund Mehl auf
ein Nudelnbrett, einen Vierling Zucker,
4 Loth gestosene Mandeln, ein halb Loth
Zimmet, ein Ey, 3 Löffelvoll sauren Rohn,
thue alles zusammen, welle es Messerruckendick
aus, wickle es auf Tabackrollen-Hölzlein,
binde es mit Bindfaden um, und backe es
im Schmalz; wenn sie gebacken sind, so
streuet man sie dick mit Zucker und Zimmet.

Unter-

Unterschiedliches Backwerk.

Wein-Zipplen.

Ein Vierling Zucker und ein Vierling fein Mehl werden mit einem guten Wein angemacht, daß es ohngefähr wie ein Goffern-taig ist, darein wird ein Stücklein Schmalz so groß als eine wälsche Nuß siedend gemacht, und man kann entweder geschnittene Citronen, oder Zimmet darein thun; hierauf wird ein Blech mit Butter geschmiert, von einem Löffelvoll Taig ein Hipplen aufgestrichen, so daß es weder zu dünne noch zu dick ist, am besten ists, man macht eine Probe davon; alsdann backt man sie gelb im Backofen, und krümmt sie über das Wärgelholz, das Schmalz aber muß darein gerührt werden, ehe der Taig dünne gemacht wird.

Wafflen.

Man nimmt einen Schoppen süssen Rohn, 1 Vierling Butter, ein Viertel Pfund fein Mehl, 5 Eyer, ein wenig Zucker,

ker, Salz und Hefen: alles wird in einem
Topf, ſo fein als möglich gerührt, warm
geſtellt, daß es eine halbe Viertelſtunde gehen kann, und gebacken.

Eine andere Art.

Man nehme ein halb Pfund Mehl, anderthalb Vierling Butter, etwas klein zartge-
riebenen Wecken, 4 Eyer, Citronen, 2 Löffelvoll Zucker, ein paar Löffelvoll Bierhefen, rühre es unter einander mit ohngefähr
einem halben Schöppen ſtarker guter Milch,
damit der Taig nicht zu dünn oder zu dick
ſey, laſſe es bey der Wärme ſtehen, bis es
anfangt zu gehen, und dann backe man es
im Waffleneiſen; man kann auch etwas Gewürz nebſt Roſinen darein thun.

Noch eine andere Art.

Anderthalb Vierling Butter werden mit
6 Eyern wohl gerührt, mit jedem Ey wird
ein Löffelvoll fein Mehl eingerührt, und
dann ein paar Löffelvoll ſäurer Rahn und
etwas Salz darzu gethan; wenn der Taig
etwas zu dick iſt, nimmt man noch ein wenig Milch.

Waſſerküchlein.

Man nehme ein halbes Pfund Waſſer,
ein halbes Pfund Butter, und ſetze es mit

N   dem

dem Waſſer über das Feuer; wenn es nun
anfangt zu ſieden, rühre man ein halbes
Pfund feines Mehl darein. wenn es ein wenig über dem Feuer abgerührt iſt, ſeze man
es zurück, bis es ein wenig abgekühlt iſt;
alsdann werden 2 bis 3 Eyer darein gerührt;
wenn es damit wohl gerührt iſt, ſchlägt man
wieder 2 oder 3 Eyer darein, rührt es ſo
lang bis der Taig recht zäh iſt, und man
ihn mit dem Löffel in die Höhe ziehen kann,
ſetzt kleine runde Küchlein davon auf ein
Blech, backt ſie langſam im Backofen;
wenn ſie ſchnell gebacken werden, ſo fallen
ſie zuſammen; man muß ſie auch nicht gleich
auf einander ſezen, man kann hernach Satz
oder Zucker darzu nehmen.

Sogenannte Hohlziegelein.

Es wird ein Vierling Butter, ein Vierling Zucker mit 4 Eyern angerührt, hierauf
wird ein völliger Vierling Mehl darein gerührt und geſchnittene Citronen, wer will kann
auch Zimmet darein thun; alsdann wird es
im Goffereiſen gebacken und auf dem Wellholz krumm gemacht, wie die Goffern.
Man kann auch den Butter in einem Pfännlein verſchmelzen laſſen, den Zucker und
das Mehl darein rühren und mit dem Bier
anrühren.

Gof-

Goffern von Zuckerbrod.

Man rührt einen Taig, wie das sogenannte Zuckerbrod, nämlich 3 Eyer, einen
Vierling Zucker, einen Vierling Mehl, etwas Citronen, schmiert ein Blech mit Butter, gießt den Zuckerbrod-Taig in einer viereckigten Forme nicht gar Fingersdick darauf,
sorgt aber, daß es recht gleich auf dem Blech
gemacht sey, streuet es mit Zucker und läßt
es in einem Ofen wie Zuckerbrod schön gelb
backen; so bald es aus dem Ofen kommt,
wird es ohngefähr 3 Finger breit, ein wenig länger zu Stücken geschnitten, und so
geschwind als möglich auf dem Wellholz
herum gemacht, bis sie kalt sind; alsdann
wird von Eyerweiß und Zucker ein Eis gerührt, und ein wenig Citronensaft, es ist
immer gut, wenn man ein wenig feinen ein-
gewaichten Traganth mit dem Eis rührt;
man überstreicht ferner mit dem Eis das
Backwerk oben ganz, überstreuet es mit klein
gewürfelt geschnittenen Pistacien oder Citronat; man kann auch abgezogene halbirte
Mandeln in ein wenig Wasser, so stark mit
spanischem Flohr gefärbt ist, ein paar Tag
einwaichen, und zu kleinen Stücklein schneiden und bestreuen, oder auch rothe Kraftküchlein zu kleinen Stücklein machen, zur
Abwechslung. Von dem nämlichen Taig

kann

kann man auch kleine viereckigte Biscuitlein
schneiden und auf gleiche Art behandeln.

Zucker-Brezetlen.

Man nimmt ein halbes Pfund Mehl,
einen Vierling Butter, 6 Loth Zucker, die
Schale von einer halben Citrone, welche
klein geschnitten wird, die geschnittene Citrone
aber wird in ein paar Löffelvoll Rosenwasser
ohngefähr eine Viertelstunde eingeweicht,
und wenn es die Zeit leiden mag, stehet es
auch länger gut; dieses alles wird auf dem
Backbrett wohl unter einander gewürkt, hernach werden kleine Stücklein daraus geschnitten und Brezetlen daraus formiret,
auf ein mit Mehl bestreutes Blech gesetzt,
und ehe man es in den Ofen thut, mit einem Eyergelb bestrichen.

Mandel-Wafflen.

Rühre einen Vierling Butter mit vier
Eyern und ein Gelbes von einem Ey recht
wohl, daß es ganz schaumigt wird, alsdann rühre einen halben Vierling abgezogene
und gestoßene Mandeln mit einer halben
Handvoll geriebenem Zucker darein, rühre
einen Vierling fein Mehl mit süssem Rohn
an, thue es alsdann unter den abgerührten
Butter, nebst auf dem Zucker abgeriebenen
Citro-

Citronen und beliebigem Zimmet; der Taig
wird vollends mit ſüſſem Rohn, bis er in
gehöriger Dicke iſt, zurecht gemacht, alsdann im Waffleneiſen gebacken und mit Zukker und Zimmet beſtreut.

Gebackene Billets.

Ein halber Vierling Butter wird mit
einem Ey und einem Dotter abgerührt; hierauf werden 4 Eßlöffelvoll ſüſſer Rohn, 4
Loth Zucker und Mehl gerührt, auf dem
Nudelnbrett gewürkt und ſo dünne, als es
ſeyn kann, ausgewellt; alsdann werden
gleiche viereckigte Stücklein geſchnitten, ein
Löffelvoll ſüſſe Fülle darein gethan, und die
vier Ecke in der Mitte zuſammen geſchlagen,
wie ein Brief; ſolches wird mit Eyergelb,
worunter ein wenig Zucker gerührt worden,
beſtrichen, und auf die Mitte eine eingemachte Kirſche gelegt, ſodann im Backofen ſchön
gelb gebacken. Die Fülle kann nach Belieben genommen werden, entweder Eingemachtes oder eine Citronenfülle, oder eine
gewürzte Mandelfülle.

Wiener-Zippen.

Nimm einen Vierling Mehl, 4 Loth
Butter, 4 Eyer, einen Vierling geſiebten
Zucker, 4 Loth geſtoſene Mandeln, von ei-

N 3   ner

ner Citrone die Schale, welche klein geſchnitten wird, wie auch den Saft: dieſes
alles wird mit ſüſſem Rohn in gehöriger
Dicke angemacht, und in einem Hippenei-
ſen gebacken; wer will, kann auch Zimmet
darein thun.

Schauflengebackenes.

Nimm 4 Eyergelb, 3 Loth Zucker, etwas ſüſſen Rohn, Mehl bis es zu würken
iſt, aber nur locker, ſchneide Stücke eines
Daumensdick, drucke ſie ein wenig breit,
lege es in der Mitte über einander und backe
es im Schmalz.

Ein Taig im Sommer zu einem Kuchen.

Von ſaurem Rohn und etwas Salz
auch einem Eyergelb wird ein Taig in ein
Becken oder auf das Blech angemacht, und
darauf gefüllt, was man will.

Schweizer-Kräpflein.

Es werden zwey Eyerdotter, ein paar
Löffelvoll ſüſſer Rohn, 4 Löffelvoll Roſenwaſſer, etwas Salz, mit Mehl und einem
Vierling Butter auf dem Nudelnbrett durch
einander gemacht, ein paarmal ausgewellt,
welches zuletzt nur Meſſerruckendick ſeyn darf;
ferner wird entweder etwas Eingemachtes
oder

oder von Mandelfülle, worinnen etwas Ro-
sinkin sind, darein gefüllt, mit dem Küchlensrädlein ausgerädelt, mit Eyerweiß oder
einem Ey bestrichen und im Backofen gebacken.

Geschlagener Rohn.

Man thut einen Schoppen guten süssen
Rohn, mehr oder weniger, so viel man will,
in eine Schüssel, thut Zucker nach Gutbe-
finden darzu, auch pulverisirten Gummi-
Traganth, so viel man mit zwey oder drey
Fingern fassen kann, samt ein wenig Pom-
meranzenblüthwasser darein, und schlägt es
wohl mit einem Büschel von der weissen
Weide, bis es sich so hoch gibt, als man
will; wenn es wohl in die Höhe gegangen,
so lasset es wieder ein wenig sitzen, hernach
nehmet es mit einem Schaumlöffel ab, und
richtet es als eine Pyramide auf Porcellan
an, garniret es mit Schnitten von grünen
eingemachten Citronenschalen, und traget
es auf.

Goffern von saurem Rohn.

Es wird von einer Maas saurer Milch
der Rohn in eine Schüssel gethan und mit
3 Eyern wohl verkleppert, alsdann wird
Mehl, bis es wie ein dünner Spätzlenstaig ist,
darein gerührt; ferner wird Zucker nach Gut-

dün-

dünken und geſchnittene Citronen hinein gerührt, und mit ſüſſer Milch vollends dünne
gemacht, bis er in gehöriger Dicke iſt.

Eine andere Art.

Ein Vierling Butter wird weiß gerührt,
alsdann wird noch ein Vierling Mandeln,
die recht zart geſtoſen werden, mit etwas
Citronen darein gerührt; es wird ferner ein
Vierling Mehl mit Milch in gehöriger Dik-
ke angerührt, nur nicht zu dick, daß ſie nicht
veſt werden.

Tabacksrollen-Taig.

Es werden ein Vierling Mehl, ein halber Vierling Butter, ein Ey und ein Dotter, etwas Roſenwaſſer und ein wenig Salz
unter einander gemacht und auf dem Nudelnbrett vollends mit Wein angemacht, hernach
läßt man es über Nacht im Keller ſtehen,
und überſchlägt es den andern Tag dreymal.
Die Tabacksrollen ſind alsdann mit beliebiger Fülle zu füllen und wie gewöhnlich zu
behandeln.

Zucker-

Zuckerbackwerk.

Mandel-Confect.

Ein halbes Pfund Zucker wird mit einem
halben Schoppen Rosenwasser geläutert,
bis er spinnt, alsdann werden anderthalb
Vierling ungeschälte aber fein gestosene Mandeln, ein halb Loth Zimmet, ein halb
Quintlein Nägeln, fein gestosen in den Zukker gethan, auf Kohlen gesetzt und mit einem Messer, welches rund ist, oder mit einem Spatel umgerührt, und von der Pfanne abgelöset, daß es nicht anbrenne, worauf man es so lange kochen läßt, bis der
Taig nicht mehr von dem Messer lauft;
hierauf wird der Taig auf eine umgekehrte
zinnerne Platte gegossen und mit dem Messer, so viel man kann, in die Breite gezogen, daß es einen starken Messerrucken dick
ist; wenn er etwas erkaltet ist, wird er mit
einem starken Messer in beliebige Stücklein
geschnitten, langlecht oder wie Mitschelen,
hernach kehrt man sie um und läßt sie auf
einem Brett vollends austrocknen.

Ge-

Gewürz-Schnitten.

Man nimmt ein Pfund Zucker, ein
Pfund Mehl, ein Pfund abgezogene Mandeln und überzwerch dünn geschnittene Citronen, ferner geschnitten Citronat, Zimmet,
Nägeln nach Belieben, ein wenig Pfeffer;
dieses alles wird mit vier Eyern und einem
Gelben vom Ey auf dem Backbrett unter
einander gemacht, einen kleinen Fingerdick
ausgewellt, und Fingerslange und zwey Finger breite Stücklein daraus geschnitten, welche auf ein Blech, das mit Butter geschmiert wird, gelegt, und in einer nicht
gar zu grosen Hitze gebacken werden. Man
muß zum Auswellen etwas Mehl zurück behalten.

Kleyenbrod.

Vier Eyerweiß werden mit einem halben Pfund Zucker gerührt, alsdann wird
ein halbes Pfund Mandeln mit der Schale,
wenn sie wohl abgerieben und gestosen worden, darein gethan, nebst etwas geschnittenen Citronen, und nach Belieben Zimmet;
der Taig wird, wenn er eine Viertelstunde
gestanden, auf ein Blech, das mit Butter
bestrichen wird, wie eine grose wälsche Nuß
aufgesetzt, und im Backofen, welcher nicht
gar zu heiß seyn soll, gebacken.

Bre-

Brezetlen.

Ein halb Pfund Zucker wird mit drey
Eyerweiß gerührt, alsdann mit Mehl zu
einem Taig gemacht, daß man ihn wärgeln
kann; hierauf werden Brezetlen daraus formirt, welche auf ein mit Butter beschmier-
tes Blech gesetzt und gebacken werden; man
kann auch Citronen darein thun.

Kastanien zu rösten.

Man röstet die Kastanien mit den Schalen, wie sonsten zum Essen, nur ohne Salz
und nicht zu waich, damit sie schön gelb
bleiben; sodann werden sie geschält und in
geläutertem Zucker behandelt und geröstet
wie die Mandeln: doch muß solches kaum
vor dem Essen geschehen, weil sie sonst ganz
klebricht werden.

Mandeltaig.

Es wird ein Vierling Mandeln geschält,
zart gestosen, und mit 2 Eyerweiß und einem
Vierling Zucker, welcher auch zart gestosen
wird, in ein Pfännlein gethan, wo man
es langsam auf den Kohlen kochen oder nur
abtrocknen läßt. So kann man daraus formiren was man will: man kann runde
Plätzlen ausstechen wie ein Achtzehnbatzen-
stück und zwey Fingerhoch einen Rand darum

um machen: hernach wird es mit einem
Eyerweiß angemacht, ein Deckelein darauf
gemacht, worauf man ein Laubwerk, oder
was man will, machen kann; wenn es über
Nacht gestanden, wird es in einem ganz
kühlen Backofen vollends getrocknet, mit
einem Crem oder Gelée gefüllt, und auf den
Tisch gegeben; man kann sie auch ohne
Deckel geben, wie Becherlein.

Mandelbackes.

Es werden 2 Eyerweiß zu einem dicken
Schaum geschlagen, anderthalb Vierling
Zucker mit gerührt bis es ganz weiß und
dick ist; ein Vierling abgezogene und zartgestosene Mandeln werden alsdann darein
gerührt bis sie keine Knöllen mehr haben;
wenn der Taig etwas an einander gestanden, wird etwas Zucker und Mehl unter
einander auf ein Brett herausgenommen,
alsdann ein Löffelvoll Taig heraus gethan,
solcher mit der Hand Fingersdick aus einander gedrückt, und mit Weinbackes-For-
men nach Belieben ausgestochen, auf Oblaten gesetzt, und in einer ganz gelinden Wärme im Ofen gebacken. Wenn die Mandeln
wohl abgeloffen sind, können sie mit etwas
Eyerweiß gestosen werden.

Ge

Geröster Mandelbaches.

Es werden anderthalb Vierling Mandeln sauber abgerieben, überzwerch zart geschnitten, und in einem meßingenen Pfännlein mit 2 Loth Zucker geröstet, bis sie ein
wenig gelb sehen; hierauf werden anderthalb
Vierling Zucker mit einem Ey und 2 Dottern wohl gerührt und zuletzt geschnittene
Citronen mitgerührt, alsdann werden die
geröstete Mandeln auch hinein gethan, mit
anderthalb Vierling Mehl; ferner wird Mehl
auf das Nudelnbrett gethan, der halbe Theil
von dem Taig darauf genommen, stark
Messerruckendick ausgewellt, und mit blechernen Formen nach Belieben ausgestochen,
ein Blech mit Butter bestrichen, mit Mehl
besäet und aufgesetzt. Sollte der Taig zu
dünn seyn, daß er gar zu gern auf dem Nudelnbrett hangen bleibt, so darf noch etwas
Mehl hinein gerührt werden.

Merinken.

Sechs, oder wenn sie klein sind, sieben
sehr frische Eyerweiß werden zu einem dicken
Schaum geschlagen, alsdann wird geschwind
ein halbes Pfund feiner zarter Zucker darein
gerührt, auf ein Papier gesetzt, stark mit
Zucker gestreuet, so daß der Zucker neben
hinab, und so viel möglich an die Merinken
ge-

geblafen wird und in einer fehr fchwachen
Hitze gebacken.

Gefüllte Merinken.

Diefe werden wie obige gemacht, nur
daß das Papier auf ein Brettlein und dann
erft auf ein Blech gelegt werde, weil fie in
einer fchnellen Hitze backen müffen, damit
fie oben röfch und unten feucht bleiben; wenn
fie oben gelb und röfch find, werden fie mit
einem Löffel abgehoben, und umgekehrt hin-
gelegt; wenn man es erft den andern Tag
braucht, läßt man es fo liegen; braucht
man es aber gleich, fo wird auf die unge-
backene Seite etwas Eingemachtes gelegt,
und eine andere darauf, daß fie beyfammen
find; man kann auch 2 ungefüllte zufammen
machen; alsdann werden fie in einem etwas,
aber nicht zu warmen, Ort aufbehalten.

Zuckerbaches.

Man nimmt einen guten Vierling Zukker, 2 kleine Eyer, ein Löffelein voll Rofen-
waffer, ein Stücklein Butter wie ein Ey,
gefchnittene oder am Zucker abgeriebene Citronen, und macht es auf dem Nudelnbrett
mit ohngefähr anderthalb Vierling Mehl
unter einander, daß man es recht wohl wärgeln kann; alsdann kann man allerhand
For-

Formen davon machen, Brezeln, Herzlein, Ringe, oder auch andere Sachen; ferner wird ein Blech mit Butter geschmiert, jene darauf gesetzt, und gelb gebacken; man kann es so lassen, oder mit einem Ey und etwas Zucker darunter schmieren; man kann es auch mit einem Eiß überziehen nach dem Backen und Trocknen, es läßt sich lange aufhalten.

Aechte Basler Lebkuchen.

Man nimmt fünf Vierling Honig, wenn es alter ist, ist es besser, weil die Lebkuchen weniger verlauffen, diesen läßt man über dem Feuer, bis er aufwallet, wenn er ein paarmal über sich will, so ist er fertig; zuvor thut man in eine Schüssel einen Vierling geschält und langlecht dünn geschnittene Mandeln, ein halb Pfund geriebenen Zucker, anderthalb Loth gestosenen Zimmet, ein Quint gestosene Nägeln, eine halbe geriebene Muscatennuß, von einer Citrone die Schale klein geschnitten, 2 Loth Pommeranzenschalen, eben so viel geschnittenen Citronat, 2 Löffelvoll Kirschengeist; wenn alles beysammen ist, wird der Honig daran gegossen und unter einander gerührt, hierauf wird ein Pfund Mehl nach und nach darein gerührt, der Taig darf wohl gewürkt werr

werden, welcher hernach auf ein Nudelnbrett heraus gethan wird, da man alsdann
nach Belieben Lebküchlein daraus macht,
groß oder kleine, sie müssen aber völlig 2
Messerruckendick seyn; sodann wird ein
Blech mit Mehl gestreuet und die Lebküchlein werden nicht ganz vest an einander gelegt, doch aber so, daß sie im Backen an
einander kommen; ferner werden sie, wenn
sie gebacken sind, von einander geschnitten,
auf dem Boden abgekehrt, und entweder so
gelassen, oder eine Zuckerfarbe darüber gemacht, nämlich: man läßt Zucker nach
Gutdünken in Bronnen- oder Rosenwasser
zergehen, setzt ihn auf das Feuer, wenn er
siedet, wird er abgeschaumt und vollends
gekocht, bis er einen Faden ziehet; damit
werden die Lebkuchen überstrichen, weil sie
noch warm, und auf einem warmen Ofen
getrocknet sind; noch besser ist es, wenn
man zu obigem noch ein Eyerweiß, mit Zukker gerührt, beysetzt, worunter etwas klein
gestosener im Wasser eingewaichter Traganth
seyn muß, welches alles unter einander gerührt wird; wenn die Lebkuchen gebacken
sind, werden sie mit einem Pinsel damit
leicht überstrichen, und nur noch etliche Mi-
nuten in den Ofen gethan: so werden sie
gleich trocken, und bleiben ein wenig weiß,
bekommen auch keine Blattern.

Anis-

Anisküchlein.

Drey Eyer werden mit einem Vierling Zucker recht wohl gerührt, alsdann wird etwas Anis und ohngefähr ein Vierling Mehl darein gethan, ein Blech mit Butter bestrichen, davon aufgesetzt, wie runde Zuckerbrod, und gebacken.

Quittenzeltlen.

Nimm drey grose oder vier mittelmäsige Quitten, schäle und verschneide sie in der Mitte, lasse sie alsdann im frischen Wasser sieden, bis sie recht watch sind, treibe sie durch einen Suppenseiher, nimm solches Mark in ein meßingenes Pfännlein, thue ein ViertelPfund fein gesiebten Zucker darzu, und laß es ein wenig unter einander kochen, thue es in eine grose Schüssel heraus, alsdann schlage 6 bis 7 Eyerweiß zu einem Schnee, und nimm noch ein halbes Pfund fein gesiebten Zucker, rühre den Schnee und Zucker nach und nach an die gekochte Quitten, und wenn es anfangt ganz leicht gerührt zu seyn, so drücke und rühre den Saft von 8 bis 10 Citronen nach und nach hinein, wie auch von 3 Citronen das Gelbe klein geschnitten; hierauf setze diese Masse auf ein Papier in der Gröse wie grose Kraftküchlein und laß es auf dem Ofen trocknen;

O

nen; das Quittenmark mag ohngefähr höch=
stens ein Vierling seyn; wenn die Citronen
sehr saftig sind, können es auch ein Paar
weniger seyn, diese kann man, wenn sie
trocken sind, aufbehalten, daß sie nicht
waich werden.

Eine andere Gattung Quittenzeltlen, die man mehr in der Wärme auf= behalten muß.

Ein Vierling Quittenmark, welches zu=
vor durch das Haarsieb oder engen Sup=
penseiher getrieben worden, wird in einem
Vierling geläuterten Zucker ein wenig abge=
kocht, so daß es nicht mehr so dünne ist;
alsdann wird es in eine Schüssel herausge=
than und noch ohngefähr 3 Löffelvoll Zucker
dazu gethan, wie auch von einer Citrone
der Saft und etwas Citronen auf dem Zuk=
ker abgerieben, 3 bis 4 Eyerweiß, die man
zum Schnee schlägt, werden nach und nach
an die Quitten gerührt, und so lange fort=
gerührt, bis es recht schaumigt und dick ist;
hierauf setzt man es auf und läßt es auf Pa=
pier auf dem Ofen trocknen.

Zuckerplätzlen.

Es wird ein halbes Pfund feiner Zucker
erstlich fein gestosen und gerieben, alsdann
drey

drey gute grose frische Eyer klein geschlagen,
der Zucker darzu gethan und mit einer stei-
fen Ruthe bey einer Stunde wohl geschlagen, darauf über Kohlfeuer gehalten, bis
es lau warm wird, aber immer geschlagen,
dann abgenommen und geschlagen, bis es
wieder kalt ist; ferner werden zwey Loth fein
Mehl und zwey Loth Stärkmehl hinein gethan, durch einander gerührt und auf Papier gesetzt, mit feinem Zucker besäet und
gebacken.

Spanische Zuckerplätzchen.

Ein ganzes Ey und drey Eyerdottern werden mit einem Kuchenlöffel wohl klein geklopft, ein Viertel Pfund fein gestosener und
durchgesiebter Canarienzucker darzu gethan,
und eine gute Stunde ohne Aufhören gerührt, alsdann 6 Loth schön fein Mehl darein gerührt, aber nicht länger gerührt, als
bis das Mehl nur eben durch einander ist;
sodann thut man von diesem Taig in einen
Trichter, und läßt langlechte Striemlen auf
Papier lauffen, so groß oder so klein als
man es verlangt; endlich werden sie mit
groblechtem Zucker bestreuet, der wie ein
Sand aussiehet, und im Backofen gebacken,
hernach mit einem dünnen Messer von dem
Papier abgeschnitten, und so werden sie sehr
leicht und schön.

O 2 Ma-

Makronen zum Füllen.

Es werden 2 Eyerweiß von 2 grofen Eyern zu einem dicken Schaum geschlagen, 12 Loth Zucker darein gerührt, und 6 Loth abgezogene und mit ein wenig Eyerweiß zart-gestofene Mandeln, welche aber vor dem Stofen wohl abgetrocknet seyn müffen; wenn es recht wohl unter einander gemacht ist, werden sie wie grofe Hafelnüffe auf Papier gefetzt, und wenn sie ein wenig gestanden, in einem nicht zu heifen Ofen gebacken; wenn sie aus dem Ofen kommen, werden sie innwendig etwas hohl seyn; hierauf wird eines davon mit etwas Eingemachtem ge-füllt, und mit einem andern zugedeckt; will man sie aber ungefüllt laffen, so nimmt man 10 Loth Mandeln, und behandelt sie wie obige. Man kann auch von dem Taig auf das Backbrett heraußnehmen, mit et-was wenig Mehl und Zucker den Taig aus einander drucken, ausstechen und auf Obla-ten fetzen, oder Wärgeln machen, folche auf Oblaten fetzen, daß sie in der Mitte leer bleiben und mit Eingemachtem nach dem Backen füllen.

Kleine Mandelhipplen mit Mehl.

Zwey Eyer werden mit einem Vierling Zucker rechtschaffen gerührt, alsdann wird ein

ein halber Vierling abgezogen und zartge-
stosener Mandeln mit einem halben Vierling
fein Mehl darein gerührt, nebst geschnittenen
Citronen, und zuletzt ein halber Vierling
Mehl, und von einer halben Citrone der
Saft; wenn es unter einander gemacht ist,
wird ein Blech mit Wachs geschmiert, in
Ermanglung dessen kann man auch etwas
Butter nehmen, darauf wird so viel als eine grose wälsche Nuß gesetzt, und solches mit
dem Messer oder Löffel ein wenig aus einander gemacht, auf die Mitte wird ein
dünnes in der Gröse eines Kreuzers geschnittenes Stücklein Citronat gelegt, im Backofen gelb gebacken, und über einem dicken
Rührlöffelstiel, wenn sie aus dem Ofen
kommen, gebogen.

Königsbrod.

Es werden ein Vierling Zucker, ein
Vierling gestosene Mandeln, ein Vierling
Mehl mit zwey Eyern unter einander gemacht, und zwey Messerspitz Pottasche darzu genommen; wenn der Taig wohl unter
einander gemacht ist, wird er aufs Nudelnbrett heraus gethan und Fingersdick ausgewellt; es werden nach Belieben Formen
daraus gemacht und im Backofen gebacken.

Zucker-

Zucker-Pfeffernüsse.

Man nehme 6 klein geschlagene Eyer und ein Pfund gestosenen Zucker; solches wird erstlich wohl durchgeschlagen, hernach mit gutem feinem Mehl so dick gemacht, daß man es wälgern und ausrollen kann; alsdann wird es einen kleinen halben Fingersdick ausgerollt, und mit einer runden blechernen Form ausgestochen, auf Papier gesetzt, welches mit Butter geschmiert seyn muß, und dann gebacken; das Feuer darf nur ganz gelinde seyn, Citronen, Citronat und Pommeranzenschalen kann man auch darzu nehmen.

Das aufgelauffene Zuckerwerk.

Man nehme ein Loth schönen weissen Traganth, und giesse darauf drey Loth Rosenwasser; solches wird eine Nacht gewaichnet, alsdann durch ein Tuch gewunden, in einen Mörser mit einem halben Eyerweiß gethan, und dann mit schönem weissen fein gesiebten Zucker bey einer halben Stunde durchgestosen, daß es ein rechter Taig wird; ferner wird er mit feinem Zucker durchgearbeitet, bis man ihn auswellen und rollen kann; alsdann wird er ausgerollet, in kleine Formen oder Mödelein gedruckt, in einer Tortenpfanne unten und oben mit Feuer ge-

gebacken, aber ja nicht mit zu starkem Feuer, weil er sonst verschmilzt und zu braun wird; auch muß man viel Stärkmehl unten in die Tortenpfanne streuen, weil es sonst nicht wohl heraus gehet.

Weisse Spanische Wind.

Es werden drey Eyerweiß zu einem dikken Schaum geschlagen und geschwind drey Loth Zucker darunter gethan, man kann auch ein wenig auf dem Zucker abgeriebene Citronen darzu nehmen; alsdann werden sie in der Form wie ein Ey auf Papier gesetzt, mit ein wenig Zucker bestreuet, und auf dem Ofen getrocknet.

Quitten-Zeltlein.

Es werden ein Vierling gesottene und geschabte Quitten in einem Schüsselein gerührt, ein Vierling Zucker geläutert, bis er am Spinnen ist, und drey Eyerweiß zum Schaum geschlagen, alsdann der Zucker und das Eyerweiß nach und nach an die Quitten gerührt, mit etwas geschnittenen Citronen, so lange bis es wie ein Schaum ist; hierauf wird es wie eine grose wälsche Nuß auf weisses Papier gesetzt, und auf dem Ofen getrocknet, wer will, kann etwas Citronat oder Citronen oben darauf thun, man kann

O 4 auch

auch Citronenſaft zum Rühren nehmen, man muß aber hernach etwas mehr Zucker nehmen.

Himbeer-Zeltlen.

Es werden etliche oder ein paar Löffel-voll eingemachte Himbeere mit zartgeſiebtem Zucker gerührt, ferner wird auch Eyerweiß zum Schnee geſchlagen und daran gerührt, bis es recht ſchaumigt iſt, wegen der Süſſe muß man verſuchen, ob es mehr Zucker braucht, man kann den Zucker auch daran läutern; alsdann werden ſie auch aufgeſetzt und auf dem Ofen getrocknet; man kann auch die Himbeere durch das Haarſieb treiben, daß die Kerne davon gehen.

Zimmet-Rinde.

Zimmetwaſſer für 4 Kreuzer und Tra-ganth für 2 Kreuzer werden mit einander über Nacht eingeweicht; ſollte es aber zu dick ſeyn, ſo darf man es mit ein wenig Roſenwaſſer verdünnen; hierauf wird ein halb Pfund geſiebter Zucker, ein Viertel Pfund zartgeſtoſene geſchälte Mandeln, ein halb Loth Zimmet, und für 1 Kreuzer Bolus darein gerührt, der Taig mit dem Schaum von 3 Eyerklaren vollends zurecht gemacht, ſelbiger ſo groß als ein Thaler auf

Das

das mit Butter beschmierte Blech gestrichen
und formiret; wenn sie gebacken und noch
heiß sind, so wickelt man sie auf dünne
Stecklein, damit sie wie Zimmetrinde aussehen.

Gefüllte Wafflen.

Es wird ein halb Pfund Butter, ein
halb Pfund Mehl, drey Eyerdotter, drey
Löffelvoll Wein, drey Löffelvoll feiner Zucker
zusammen geknetet, und einmal überschlagen, alsdann ganz dünne ausgedehnt, in
Stücke so groß als das Eisen geschnitten,
und mit Eyerweiß bestrichen, das Eisen wird
geschmiert, ein Stück darein und die Fülle
darauf gelegt, mit einem Stück zugedeckt,
und gebacken.

Schweizerbaches.

Nimm einen Vierling Butter, einen
Vierling Zucker, einen Eyerdotter, einen
Löffelvoll Rosenwasser, Mehl nach Gutdünken, bis man mit dem Taig umgehen kann,
alsdann welle ihn aus, rädle mit dem Bachesrädlein allerley Formen wie es beliebt,
backe es in der Tortenpfanne, bestreiche es
mit Eyerklar, und backe es langsam.

Glasirte Küchlein.

Es wird ein Pfund frischer Butter, drey ViertelPfund Mehl, drey Eyergelb, ein wenig süsser Rohn und 8 Loth Zucker zu einem Taig gemacht, ausgewellt, und kleine Küchlein daraus gemacht und gebacken; wenn solches geschehen, so thut man auf ein jedes etwas Johannisbrod-Gelée und bestreicht sie oben ganz dünne mit Zucker, Eyerweiß und Citronen, so zusammen gerührt wird, und läßt sie trocknen.

Blinde Makronen.

Zwey Vierling Zucker und zwey Eyer werden mit 4 Dottern wohl gerührt, 20 Loth Mehl darein gerührt und wie Makronen aufgesetzt.

Küchlein.

Es wird ein Vierling Butter, ein Vierling Zucker, 3 Eyer wohl gerührt, Citronen oder Rosinen darein gethan, ein halb Pfund Mehl, auf ein Blech gesetzt, und wie wälsche Nuß im Backofen gebacken.

Gedrucktes Zuckerbrod.

'Zwey Eyer und zwey Dotter werden mit einem halben Pfund Zucker gerührt, alsdann ein halb Pfund Mehl darein gerührt, halb

halb Zucker und Mehl auf das Nudelnbrett gethan, und der Taig ausgewellt, und in Model gedruckt, der Taig muß gewürkt werden, bis er nicht mehr anklebt, ein Blech wird mit Mehl bestreuet und darauf gebacken.

Makronen-Herz.

Drey Vierling Zucker werden mit Wasser ein wenig geläutert, alsdann ein Pfund geschält und gestosene Mandeln darein geröstet, bis sie gelb sind. Hierauf werden fünf Eyerweiß zum Schaum geschlagen, an die Mandeln gerührt, wie auch Zimmet, Citronat und Citronen darein gethan; man schneidet eine Form von Papier, streicht Fingersdick darauf, und backt es im Backofen; man kann auch von Oblaten eine Form machen, auch kleine Formen von dieser Masse machen.

Mandel-Marzipan-Taig.

Es wird ein halb Pfund Mandeln mit ein wenig Rosenwasser gestosen, mit 5 Eyerdottern angerührt, das Weisse zum Schaum geschlagen, und ein Vierling Zucker und die Mandeln auch das Eyerweiß unter einander gemacht.

Gersten-

Gerstenzucker-Küchlen.

Man thut ein Pfund Zucker in eine mesſingene Pfanne und einen guten halben Schoppen Waſſer daran, verdruckt auch mit einem Schaumlöffel den Zucker und läßt ihn ſieden, rühret aber im mindeſten nicht darinn, weil er davon abſtirbt, grieſelicht und taub wird wie Honig; wenn er über und über ſiedet, ſo nimm den Schaum mit dem Schaumlöffel davon ab, und laß ihn wieder fortkochen, bis alles Waſſer eingekocht iſt, und er anfangt zu rauchen, er wirft vorher gelblichte Blattern und ſetzt ſich, da er immer vorher über ſich kocht; alsdann probire ihn, ſchütte ein wenig von dem Zucker in ein Glas Waſſer, wenn er gleich zu Boden fällt, und ganz hart wie Candelzucker wird, ſo iſt er fertig; iſt er aber noch klebricht, ſo muß er mehr kochen, rühren darf man gar nicht darinn; ſchmiere ein groſes Zinn auſſen am Boden mit einem Speckſchwärtlein, gieſſe den Zucker darauf, laß ihn ein wenig ſtehen, bis das Meſſer nimmer hangen bleibt, ſodann drücke Striche in die Länge und in die Breite; wenn es dann recht kalt iſt, ſo brich es zu Stücklein, wie die Striche ſind.

Zim-

Zimmet-Wiener-Bögen.

Man nehme ein halb Pfund zarten gesiebten Zucker, ein halb Pfund geschält und
zartgestoßene Mandeln: dieses wird in ein
Pfännlein oder Casserol zusammen gethan,
etwas geschnittene Citronen und von 2 Citronen der Saft und 8 Eyergelb darzu;
man läßt es auf den Kohlen unter beständigem Umrühren aufkochen, aber nicht gar zu
viel; hernach wird es auf Oblaten gestrichen und im Backofen gebacken; wenn man
will, kann man statt der Citronen die Schalen und Zimmet nehmen.

Basler-Plätzlein.

Ein halbes Pfund Zucker wird mit zwey
Eyern wohl gerührt und ein halbes Pfund
Mehl darein gerührt; man kann auch etwas
Citronen und Gewürz nach Belieben darzu
thun, wellet es auf einem Brett einen starken Messerruckendick, sticht runde Plätzlein
daraus, streicht es mit einem Eyerweiß,
thut etwas geschnittene Mandeln und Zucker
darauf, und läßt es backen.

Ein sogenanntes Eiß ohne Eyerweiß auf Backwerk zu ziehen.

Feiner Traganth, etwa für 1 Kreuzer,
und fein gesiebter Zucker, ohngefähr ein halber

ber Vierling, wird mit kaltem, oder nach
Belieben Rosenwasser angerührt; wenn es
über Nacht gestanden, wird es durch ein
feines Tüchlein gedruckt und auf einem heißen
Wasser warm gemacht, daß es recht zerge-
het, so ist es zum Gebrauch fertig.

Ein Traganthtaig auf teutsche Manier.

Man nimmt einen Vierling Mehl und
einen Vierling Zucker, ein wenig frischen
Butter, ohngefähr so groß als eine wälsche
Nuß, ein wenig gestosenen Zimmet, von
einer kleinen halben Citrone den Saft, und
thut dieses alles auf das Backbrett; alsdann
wird es vollends mit Eyerweiß angemacht,
bis es ein vester Taig ist; dieser wird dünn
und gleich ausgewellt, und daraus formirt
was man will. Will man einen Deckel auf
eine Torte, so wird ein Becken oder Zinn
auf der lezen (andern, unrechten) Seite mit
Butter gestrichen, der Taig darauf gelegt,
und so kann man es ausschneiden wie man
will; auf diese Art wird es in einem nicht
gar zu heißen Ofen gebacken. Will man eine ganze Torte haben, so wird das auf der
nämlichen Form gebacken, und nur nicht
ausgestochen, jedoch ein wenig gestupft, damit es keine Blattern bekomme; alsdann
wird

wird es nach dem Backen umgekehrt, mit
Eingemachtem gefüllt oder ausgestrichen, und
der Deckel darauf gesetzt: den Deckel kann
man mit Eiß überziehen, und so geben, oder
mit Streuzucker, wie auch Marzipansachen,
zieren. Man kann auch von dem Taig runde Küchlein ausstechen, langlechte Stücklein
schneiden, und auf ein bestrichen Blech legen, und nur so backen und aufstellen. Obiger Taig ist auch zum Essen sehr gut: will
man aber feinere Sachen ausstechen, und
mehr versichert seyn, daß der Taig weniger
bricht, so nimmt man statt eines Kreuzers
für 2 Kreuzer Traganth, waicht ihn in ein
wenig laues Wasser über Nacht, läßt den
Zimmet weg, nimmt weniger Citronensaft
und macht ihn wie obigen mit Eyerweiß, er
ist besser zum Backen, aber weniger gut zum
Essen: beyde müssen eben schön gelb und
nicht braun gebacken seyn.

Zuckerbrod oder Biscuit in Papierlen.

Man schlage 8 Eyerweiß zu einem dicken
Schnee, indessen rühre die 8 Eyergelb in eine
Schüssel, thue das Eyerweiß nebst einem
halben Pfund feingesiebtem Zucker darzu,
schlag es mit einem Besen oder zusammen-
gebundenen Steckelein, setze es auf ein Kohlfeuer, schlag es bis der Taig lau ist; alsdann

dann setze es wieder ab, und rühre es bis
er kalt ist, thue eine Citronenschale, mit einem Zucker abgerieben, darein, trockne ein
halbes Pfund Mehl auf dem Ofen oder in
der Wärme wohl ab, nur daß es nicht gelb
werde, siebe es alsdann durch das Haarsieb,
oder engen Suppenseiher, thue die Steckelein heraus, rühre mit dem Kochlöffel das
Mehl darein, setze es mit dem Löffel oder
durch einen Trichter auf Papier, bestreue
es mit feingesiebtem Zucker und backe es in
einer mittelmäsigen Hitze, man kann den
Taig auch in papierne Käpselein füllen.

Nägeln von Zucker zu machen.

Nimm Traganth und waiche ihn in Rosenwasser, ferner nimm von einem Haus-
brod ein Stücklein obere Rinde, welche
klein gestosen wird, etwas gestosene Nägeln,
gestosenen Zucker, mache den Traganthtaig
unter einander und dünne Wärgeln davon,
schneide kleine Stücklein daraus, formire sie
wie Gewürznägeln, und trockne sie in einer
Stube.

Braune Makronen.

Ein Vierling abgezogene und zartgestosene Mandeln werden in der Bratkachel auf
einem Papier oder in einem Pfännlein schön
gelb

gelb geröstet, alsdann wird von einem gro-
ßen oder zwey kleinen Eyern das Weiße zum
Schaum geschlagen, ein Vierling zarter
Zucker darein gerührt, wie auch die Mandeln, etwas geschnittene Citronen, Zimmet,
Nägeln nach Belieben, etwas Citronensaft,
und alles wohl unter einander gemacht; es
werden kleine Häuflein davon auf Oblaten
gesetzt, oder Kränzlein daraus formirt, und
langsam gebacken.

Weiße Lebkuchen.

Man rührt ein Pfund fein gestosen und
gesiebten Zucker mit 8 Eyern eine halbe
Stunde lang, alsdann schneidet man ein
halb Pfund ungeschälte Mandeln, eine
Schale von einer Citrone gewürfelt, auch
etwas Citronat, nimmt Zimmet und Nägeln, jedes ein halb Loth, grob gestosen,
zwey Pfund Mehl, und rührt es unter das
übrige hinein; ferner formt man aus der
Masse Lebkuchen, backt sie in nicht gar gro-
ßer Hitze, und wenn die Lebkuchen halb gebacken sind, so werden sie mit geläutertem
Zucker, welcher nicht dick gekocht seyn darf,
bestrichen, und dann vollends ausgebacken;
man sie auch ohne diß machen.

P   Guß-

Guß-Zipplen.

Zwey Eyerweiß werden mit einem Vierling Zucker ganz weiß gerührt, ein Vierling geschälte und geschnittene Mandeln, Citronen und Citronat nach Belieben, auch
Zimmet darein gethan, alles wird wohl unter einander gerührt, ein Blech mit Butter
geschmiert, und der Taig einer Hippen groß
aufgestrichen; wenn man ein wenig Traganth einwaicht und ihn zulezt in den Taig
rührt, so halten die Hippen desto besser: die
Mandeln werden mit etwas Eyerweiß ab-
gestosen.

Zimmetbrod.

Sechs Eyerdotter und drey ganze Eyer
werden mit zwölf Loth Zucker wohl gerührt,
und vier Loth abgezogene und überzwerch geschnittene Mandeln darzu gethan; wenn dieses alles wohl gerührt ist, werden geschnittene Citronen und Zimmet darein gethan,
12 Loth Mehl darein gerührt, in Papierlen
oder kleine Käpselen gegossen; wenn es im
Backofen gebacken und wieder erkaltet, wird
es zu Schnitten geschnitten und auf beyden
Seiten gelb geröstet.

Eyerdotter-Brod.

Ein Vierling Zucker wird mit 10 Eyerdottern wohl gerührt, auch etwas Citronen
auf

auf dem Zucker abgerieben; wenn es recht schaumig gerührt ist, wird es in Papierkäpseln eingefaßt, und im Backofen gebacken: zuletzt werden 4 Loth fein Mehl darein gerührt.

Zuckerzeltlein.

Zwey Eyerweiß werden mit einem Vierling Zucker so lange gerührt, bis er ganz weiß und dick ist, indem das Rühren die Hauptsache davon ist; alsdann wird von einer halben Citrone die Schale ganz klein gewürfelt geschnitten, und nebst dem Saft von einer halben Citrone noch ein wenig mitgerührt; sollten die Citronen groß und allzu saftig seyn, wird es nicht ganz genommen; hierauf wird ein Blech mit Wachs beschmiert, mit einem Caffeelöffelein so groß wie kleine Pfeffernüßlein aufgesetzt, und in einem nicht gar warmen Backofen langsam gebacken, so daß sie ausser dem Boden fast ganz weiß bleiben.

Nuß= oder geröstete Mandelhipplen.

Es werden Haselnuß=Kerne etlichmal zerschnitten; zu einem Vierling wird ein Vierling Zucker in einem meßingenen Pfännlein, mit etwas Wasser, daß er zerschmelzen kann, über das Feuer gesetzt; wenn er im Umrühren anfangt zu rauschen, werden

P 2 die

die Nüſſe darein gethan, und gelb geröſtet, wie
die Mandeln, und wie die geröſtete Mandeln
behandelt; wenn ſie heraus gethan und erkaltet ſind, werden ſie im Mörſer klein geſtoſen, 4 Eyerweiß, welche groß ſind, zum
Schaum geſchlagen, das Geſtoſene mit angerührt, ein Blech mit Butter oder Wachs
geſchmiert, kleine Hipplen, wie ein groſer
Thaler, darauf geſtrichen, in Backofen
gelb gebacken: und ſogleich auf einem dicken
Rührlöffelſtiel krumm gemacht.

Pommeranzenblüthe zu candiren.

Ein Pfund Zucker mit einem Glas Waſſer wird in einer meſſingenen Pfanne oder
Caſſerol zerſchmolzen, auf das Feuer geſetzt
und abgeſchaumt, hierauf wird der Zucker
ſo lange gekocht, bis er anfangt ſich candi-
ren zu wollen: alsdann nimmt man 8 Loth
weiße Pommeranzenblüthe-Blätter, man
kann ſie auch etlichemal mit dem Meſſer
durchſchneiden, nezt ſie mit dem Saft von
einer halben Citrone, rührt ſie in den Zukker, ohne auf das Feuer zu ſetzen; wenn
der Zucker neben herum an der Pfanne oder
Caſſerol weiß zu werden anfangt, werden
ſie in eine groſe von Papier gemachte Kap-
ſel ausgeſchüttet, worinnen man ſie abtrocknen läßt.

Kohn-

Rohn-Biscuit.

Ein Vierling Zucker wird mit vier kleinen Eyern recht lange gerührt, drey Theile
von einem halben Schoppen dicken süssen
Rohn, welcher mit dem Löffel abgehoben
werden muß, werden mit einem Beselen zu
einem Schaum geschlagen und mit 5 Loth
Mehl mit dem Schaum leicht hinein gerührt,
auch klein geschnittene oder auf dem Zucker
abgeriebene Citronen darzu gethan: alles
wird alsdann in kleine papierne Käpselen gefüllt, und in einer nicht gar zu starken Hitze
im Backofen gebacken.

Eine andere Art.

Von vier Eyerweiß wird das Weisse zu
einem Schaum geschlagen und ein Vierling
Zucker darinnen gerührt, bis der Taig dick
und weiß ist; sodann wird ein völliger halber Theil von einem halben Schoppen süssen dicken Rohn wie oben behandelt, ein
halber Vierling feines Mehl nebst etwas
Citronen darein gerührt und wie oben bemeldt behandelt.

Ein gefüllter Stern von Mandeltaig.

Man macht den sogenannten blinden
Mandeltaig, anderthalb Vierling Mehl, ein
Vierling Butter, einen starken halben Vier-

ling Zucker, welches mit zwey Eyerweiß
auch einem ganzen Ey, ein wenig Rosenwasser oder Wein auf dem Nudelnbrett wohl
unter einander gemacht wird; alsdann wird
ein Stück ausgewellet völlig Messerruckendick, davon werden Mitschelen ausgeschnitten, je nachdem man den Stern groß oder
klein will, sie müssen aber sehr gleich seyn, neben herum werden sie mit einem Ey bestrichen und von dem nämlichen Taig Wärgeln
gemacht, wie ein kleiner Federkiel, und an
dem Rand herumgelegt; die Wärgelen werden nach dem Backen mit Eiß überzogen;
will man es aber nicht, so kann man sie mit
einem Ey überstreichen, wenn sie schön gelb
gebacken; ehe man sie auf den Tisch gibt,
kann man sie mit Eingemachtem füllen, entweder abwechselnd oder mit einerley; man
kann auch die Sterne mit gefärbtem Eiß
ausbegiessen, und trocknen lassen. So kann
man vom Taig allerhand Backwerk machen,
ganz kleine Kräpflen füllen, mit dem Küchlensrädlein abschneiden, mit Eyerweiß be-
streichen, und Zucker säen. So kann man
auch 3 Fingerbreite Riemen schneiden und
mit etwas Eingemachtem überstreichen, mit
einem andern Strich bedecken, etwas breiter als Fingerbreit Stücklein abschneiden,
und wie die Kräpflein behandeln; man kann
auch)

auch kleine Brezeln davon machen, oder
sonsten etwas davon ausstechen.

Hamburger Butterbrod.

Es wird rundes Zuckerbrod, ein wenig
grösser als gewöhnlich gebacken, nämlich drey
Eyer werden mit einem Vierling Zucker und
etwas Citronen stark gerührt, alsdann ein
Vierling Mehl darein gerührt und auf Papier rund aufgesetzt; will man davon nur
so auf den Tisch geben, werden sie wohl
mit Zucker besäet, wieder abgeschüttelt, und
schön gelb gebacken, der Ofen darf aber
nicht gar zu kalt seyn; alsdann wird der
Saft von einer Citrone in ein kleines Geschirr gedruckt, mit feinem weissen Zucker
angerührt, bis er in der Dicke ist, daß er
sich noch wohl streichen läßt; davon werden
die Zuckerbrod auf dem Boden überstrichen und von den schon bemeldten Quitten-
Bratwürstlein dünne Rädlein geschnitten,
auf jedes 3 bis 4 gelegt, und so auf den
Tisch gegeben.

Gefülltes Zuckerbrod.

Das runde Zuckerbrod wird unten auf dem
Boden mit etwas Eingemachtes überstrichen,
alsdann wird ein Eyerweiß zum Schnee geschlagen, 6 Loth Zucker und 3 Loth zart ge-

sto-

ſtoſene Mandeln darein gerührt, ſodann auf
dem Eingemachten halb Fingersdick herum
geſtrichen, 2 Blech auf einander geſtellt, die
Zuckerbrod auf ein Papier geſetzt, auf das
Blech gethan und ſchön gelb gebacken.

Eine ſchöne grüne Farbe zu Backwerk zu machen.

Man nimmt Spinat, ſtoßt ihn klein,
preßt ihn durch ein Tuch, thut in ein Caſſerol Salz und Waſſer, läßt es kochen, nimmt
den Spinatſaft, läßt ihn ſtät hineinlauffen
und kochen, bis er gerinnet; thut es mit
dem Schaumlöffel heraus in ein Haartuch,
darnach ſtreicht man es auf ein Brett, läßt
es trocknen, bis man es zu Pulver machen
kann. Es iſt zu allem Taig, den man grün
färben will, oder auch zu Geléen.

Cre-

Cremes und Compotes.

Mandel-Crem.

Es wird von einem halben Vierling Mandeln, welche recht fein zart gestosen seyn müssen, mit Wasser eine Mandelmilch gemacht,
alsdann wird ein klein Löffelein voll Mehl
mit etlichen Eyerdottern angerührt, welche
mit der Mandelmilch aufgefüllt und auf das
Feuer gesetzt werden, Zucker wird nach Gutdünken darzu gethan, und jene unter beständigem Umrühren zu einem Crem gekocht,
alsdann angerichtet. Es kann so auf die
Tafel gegeben werten, oder wenn es eine
Haut bekommen, nit Zucker bestreuet, und
mit einem glühenden Eisen gebrannt werden.

Chocolade-Crem mit Eyern.

Es wird ein Stück Chocolade gerieben,
n der Milch gesotten und Zucker darzu nach
Gutdünken gethan; zu anderthalb Schoppen
Milch werden 4 Eyergelb abgerührt; wenn
de Milch mit dem Chocolade ein wenig abgekühlt, wird sie mit den Eyerdottern durch
das Haarsieb getrieben, auf die Platten ge-

P 5   gossen,

gossen, auf siedend Wasser gestellt und oben
mit einem Deckel, worauf einige Kohlen gelegt werden, zugedeckt; wenn es gestanden,
ist es fertig. Man kann es so auf den Tisch
geben, oder man kann von Eyergelb, Zukker und süsser Milch, auf das Feuer setzen,
und unter stetem Umrühren zusammen gerinnen lassen; wann es sich anfangt zusammen
klumpen, wird es, damit es nicht zu vest
werde, vom Feuer abgesetzt, in kleine Mödelein gedruckt, so vest als man kann, daß
immer die Brühe davon laufft. Wenn man
Mödelein mit Löchlein hat, so ist es besser;
alsdann werden sie umgestürzt, auf dem
Crem heran gesetzt und mit beliebigem Zuk-
kerwerk geziert.

Eine Art von Schotto.

Ein halber Schoppen Wein, eben so viel
Rohn, Zucker, Citronn auf dem Zucker
abgerieben, werden unter einander gemacht,
und mit dem Chokoláderthrer zum Schaum
gemacht und in Theeschaen gegeben.

Marmorirter Crem.

Es wird ein Löffelein voll Mehl, fünf
Eyergelb, etwas auf dem Zucker abgeriebene
Citronen, und noch ein wenig Zucker mit
guter Milch angerührt, bis er recht in der
Dicke

Dicke iſt, und hernach gekocht, indeſſen werden etliche Löffelvoll Zucker in einer Kachel braun gemacht, der Crem darein gerührt, ſo daß er bald braun, bald weiß iſt, und dann angerichtet; wenn er eine Haut hat, wird ein Stern von Papier gemacht, darauf gelegt, neben herum mit Zucker beſtreuet, mit einem Eiſen gebrannt, das Papier wird wieder weggenommen und auf den Tiſch gegeben.

Mandel-Crem.

Ein gleiches kann man auch von Mandeln machen : die Mandeln werden mit Milch durchgetrieben, von Eyerweiß ein Crem gekocht, und oben auch geziert, und gebrannt.

Leichter Crem.

Eine halbe Maas Rohn und Milch wird mit 3 Löffelvoll Zucker zum halben Theil eingeſotten, 2 Eyerweiß zum Schaum geſchlagen und darein gethan, da man es noch ein paarmal aufkochen läßt, und mit auf dem Zucker abgeriebenen Citronen anrichtet.

Waſſer-Crem.

Vier friſche Eyer werden wohl mit einem Schoppen Waſſer nach und nach zerkleb-

fleppert, wie auch der Saft von einer Citrone; es wird ferner eine Citrone auf dem
Zucker abgerieben und 6 Loth Zucker darzu
genommen: dieses alles wird ein paarmal
durch eine dünne Serviette gedruckt und auf
ein kleines Feuer gesetzt, bis es unter beständigem Umrühren etwas dicklecht oder wie
ein Crem formirt ist; alsdann richtet man
es an, und läßt es erkalten.

Citronen-Crem.

Man nehme den Saft von vier Citronen, nebst einer, zwey bis drey auf dem Zucker abgeriebenen Citronen und einem halben
Glas Wasser und fünf bis sechs Eyerweiß,
rühre dieses alles wohl unter einander, lasse
es durch eine Serviette lauffen, setze es auf
das Feuer, lasse es unter stetem Umrühren
etwas dick werden, richte es an, und trage
es kalt auf.

Apfel-Compot.

Es müssen schöne Aepfel seyn, Borsdörfer, Renetten und Fleiner sind die besten:
so wie sie sauber geschält worden, müssen sie
gleich in das frische Wasser gelegt, und im
Wasser oder Wein, nebst Citronen und etlichen
Stücklein Zimmet langsam gesotten werden,
bis sie waich sind; alsdann werden sie heraus-
gesetzt

gesetzt auf die Platte, worauf man sie zur
Tafel geben will, an einander hin, wenn
sie auch ein wenig aufgesprungen sind, geben sie sich wieder zusammen; hierauf läßt
man die Sos davon einsieden, druckt Citronensaft darzu, und so es nicht süß genug
seyn sollte, noch etwas Zucker, gießt durch
einen Schaumlöffel auf diese Aepfel die
Sos herum, und läßt sie wieder ablauffen
so viel möglich; die Sos wird vollends
kurz eingesotten, und durch einen Schaumlöffel über die Aepfel gegossen; man kann
sie auch auf ein Porcellanteller gießen, wenn
sie gestanden, auf den Aepfeln herum thun;
man kann auch kleine Borsdörfer sauber
schälen und aushöhlen, solche ganz sieden,
und wie obige behandeln; wenn sie angerichtet worden, werden sie mit eingemachten Kirschen gefüllt, daß sie also oben wie
einen schwarzen Butzen haben; man kann
auch die Sos von den Aepfeln roth machen,
entweder etwas Kirschensaft darzu thun,
oder einen Fleck von spanischem Flohr mitsieden lassen.

Biren-Compot.

Die Birnen werden auf die nämliche
Art gekocht, nur daß sie ganz bleiben sollen,
sauber geschält, oben ein Kreuz darein ge-
schnit-

schnitten, aber so, daß sie nicht zerfallen, die Stiele werden so abgeschnitten, daß man sie nur noch halten kann; sollen die Biren gesulzt werden, so müssen einige Renetten-Aepfel mitgesotten werden, und so wird sich das Compot zuletzt auch sulzen; alsdann werden die Biren umgekehrt, auf der Platte hingesetzt, daß der Stiel jedesmal über sich siehet.

Quitten-Compot.

Die Quitten werden auf die nämliche Art gesotten; wenn sie wohl zugedeckt sind und langsam sieden, werden sie hübsch roth und sulzen sich gar schön von selbsten; mit dem Zucker muß freylich bey diesen zugesetzt werden, auch müssen einige Kerne zum sieden genommen werden.

Apricosen- und Pfersich-Compot.

Diese werden geschält, halbirt, die Kerne aus den Steinen herausgemacht, solche mit gesotten, und wie obige Früchten behandelt.

Crem von Hühnermäglein.

Eine Maas Milch, (wenn etwas Rohn dabey, ist es um so besser) wird gesotten, mit dem Gout, wovon man es will: soll es von Caffee seyn, so wird der Caffee sogleich von

von dem Rösten ungemahlen in der Milch
ein wenig gesotten; soll es von Thee seyn,
so wird der Thee mit siedend Wasser benetzt,
daß er ein wenig aufquellen kann, in ein
feines Tuch eingebunden, und darinn gesotten; ist es von Chocolade, so wird derselbe
gerieben und in der Milch gesotten; ist es
von Citronen, so werden Citronen auf dem
Zucker abgerieben und in der Milch gesotten: alsdann nimmt man ohngefähr sechs
Hühnermäglein, wenn sie grün und wohl
ausgewaschen sind, bleiben sie ganz, sind
sie aber gedörrt, werden sie gestosen, die
Milch, wovon bisher die Rede war, wird
durch ein Tuch oder Haarsieb in eine Schüssel durchgetrieben; wenn sie erkaltet, daß sie
noch wohl lau ist, werden die Hühnermä-
gen darein gerührt, solche sogleich durch das
Haarsieb oder Tuch getrieben; hernach thut
man etwas Zucker daran, gießt es in eine
Schale, setzt es auf einen Hafen mit siedendem Wasser, thut einen Deckel darauf,
und oben auch ein wenig Kohlen, es darf
nur gestehen, nur muß man Acht haben,
daß es nicht aufsiede; wenn es gestanden,
ist es fertig, und man kann es kalt oder
warm essen.

Englischer Crem.

Nimm einen saubern glasirten Hafen,
oder

oder einen kleinen Keſſel, reibe eine ſüſſe
Pommeranze darein, wie auch eine Citrone,
ſchlage 8 Eyerdotter darzu, auch ein Viertel-
Pfund Zucker und decke es zu, ſtelle ein
Glas guten alten Wein, oder noch beſſer
ChampagnerWein mit einem Loth Hauß-
blaſen und ein Stück Zimmet auf eine kleine Glut, und laß es ſieden, darnach wenn
die Haußblaſe wohl gekocht iſt, gieß noch
ein Glas Wein darzu, paſſire ihn in den
Hafen durch ein Haarſieb, ſetze den Hafen
auf eine Glut, die nicht zu ſtark iſt, laß
ihn mit einem Chocolade-Strudler recht
ſtrudeln, bis er wie eine Chocolade anfangt
zu ſchaumen; da muß man eine Form präparirt haben, mit ein wenig ſüſſem Man-
delöl beſtrichen, gieß den Crem hinein, und
laß ihn kalt werden, hernach löſe ihn ringsherum ab, ſtürze ihn auf die Schüſſel und
ſervire ihn zur Tafel. Man kann ihn auch
von andern guten Weinen auf die nämliche
Manier machen; viele ſchlagen auch das
Eyerklar zum Schnee. Wenn der Crem
anfangt dick zu werden, ſo rühre in denſelben das Eyerklar auch hinein, und gieß ihn
hernach in den Model.

Schotte von Champagner.

Gieb in einen Hafen ein ViertelPfund
Zucker, 8 Eyerdotter, ein Glas Cham-
pagner-

pagnerWein, welcher aber gut seyn muß,
setze ihn auf eine kleine Glut; wenn es nun
Zeit ist, zu serviren, so strudle ihn recht mit
dem Chocolade-Strudel bis er Schaum
gibt, hernach gieß ihn gleich in porcellanene
Becherlein, setz ihn auf die Schüssel und
servire ihn recht warm, man kann auch etwas Citronen auf dem Zucker abreiben und
darzu nehmen.

Ein Blanmansche. (Blancmanger)

Siede eine Maas Rohn mit einem Loth
Haußblasen, welche zuvor klein geschnitten,
und in einem Wasser waich und etwas auf-
gelößt worden, auf den Kohlen, thue ein
Stücklein Zucker und ein Stücklein Zimmet
darzu, wenn es den vierten Theil eingesotten
hat, so stelle es auf die Seite; laß hernach
ein Pfund süsse Mandeln mit einem Paar
bitteren recht fein stosen, rühre hernach die
Mandeln mit dem Rohn ab, gieb ein wenig Pommeranzenblüthe-Wasser darzu, und
passire es nach diesem durch ein Haartuch
oder Serviette, fülle es in die Becher oder
porcellanene Geschirrlein, oder gieß es auf
die Schüssel, und laß es stehen, sodann
kalt serviren.

Ein Crem im Ofen.

Nimm ein Viertel Pfund Marmelad von
Himbeeren, Quitten und dergleichen, und
in

Q

in Ermanglung derselben treib Himbeere
durch ein Haarsieb in eine Schüssel, koche
ein Viertel Pfund Zucker so lange, bis er anfangt zu spinnen, gieb den Zucker auch darzu,
rühre beständig, schlag ein Eyerklar auf einen Teller, schlag es mit dem Messer wohl
ab, thue es zu der Marmelad, und dieses
so oft, bis 8 Eyerklar hineingerührt werden,
gleichwie das erste, es muß eine Stunde
lang gerührt werden, thue einen blechernen
Raif auf die Schüssel, giesse diesen Crem
hinein, und laß ihn stät im Backofen anziehen; wenn du diesen Crem servirest, so
thue den Raif davon, und servire ihn warm.
Auf solche Manier kann man von allen
Früchten einen Crem machen.

Mandel-Crem.

Es wird ohngefähr ein Vierling Mandeln, je nachdem man viel oder wenig Crem
zu machen hat, abgezogen, mit etwas frischem Wasser, daß sie weiß bleiben, hernach ganz fein gestosen, alsdann werden die
Mandeln mit süssem Rohn oder Milch angerührt, wie schon öfters gemeldet worden,
ein Crem gekocht, nur daß anstatt des Dot-
ters Eyerweiß genommen wird; wenn solcher in der Dicke recht, und gekocht ist,
wird er angerichtet. Und so kann man ihn,
wie

wie vorbemeldten Crem oben auch brennen, und nach Belieben zieren.

Chocolade zu machen.

Ein Pfund Cacao-Bohnen werden in der Pfanne geröstet, bis sie sich abschälen lassen hernach wird ein eiserner Mörser heiß gemacht, wie auch der Stämpfel, die Cacao-Bohnen werden hineingeschüttet, und eine halbe Stunde lang gestosen, bis sie wie Brey sind, auch werden drey Viertel-Pfund feingestosener Zucker unter die Cacao-Bohnen mitgestosen, der Mörser muß durch heise Asche warm erhalten werden; wenn es noch eine halbe Stunde gerührt worden, so thut man Gewürz, klar gestosene Vanille-Zimmet hinein, hernach schüttet man mit einem Löffel diese Masse in blecherne Kapfeln oder Papiere, die zuvor mit Provenceröl ein wenig bestrichen werden müssen, die papierne Kapfeln hebt man in die Höhe, läßt sie etlichemal auf dem Tisch aufpatschen, daß sie sich gleich austheilen: zu heiß darf die Masse nicht seyn, sonsten bekommt sie Blasen, die blecherne Kapfeln werden ein wenig aus einander gedruckt, daß die Tafeln herausfallen; die Papiere werden ein wenig angefeuchtet mit Wasser.

Ein

Ein Crem von Eyerdottern, Eyergelb oder Eyerweiß.

Man rühret einen Löffelvoll fein Mehl mit 3 Schoppen guter Milch an, und läßt es mit etwas Zucker und einem Stücklein Zimmet in einer Pfanne so lang aufsieden, bis es nicht mehr nach Mehl schmeckt, alsdann werden 6 Eyergelb mit etwas süssem Rohn verkleppert, die Pfanne von dem Feuer abgehoben, das Gelbe von den Eyern darein gerührt, und wieder auf das Feuer gesetzt, wo man es unter beständigem Umrühren noch ein wenig anziehen läßt. Will man das Crem weiß haben, schlägt man das Eyerweiß zum Schaum, und rührt es schnell darein; man kann alsdann diesem Crem einen Geschmack geben wie man will; man kann etwas Citronen auf dem Zucker abreiben, oder etwas Orangeblüthe zu dem Gelben nehmen; zum Weissen kann man etwas Vanille oder Zimmet nehmen, und sodann anrichten.

Ein Wein-Crem.

Es werden 8 Eyer in einem Hafen wohl gerührt, alsdann von 2 Citronen das Gelbe auf dem Zucker abgerieben, nebst dem Saft zu den Eyern gethan, mit Wein angerührt und noch etwas Zucker nach Gut-
Dün-

dünfen, mit ohngefähr einem halben Schoppen Wein; dieses wird in einem Stollhafen
oder Pfanne über dem Feuer mit einem
Schlagbesen immer gerührt oder geschlagen,
bis es dick ist, und in das Geschirr gegossen; man kann auch von dem Weissen den
halben Theil zum Schnee schlagen, etwas
mehr Wein nehmen und solches geschwind
vor dem Anrichten über dem Feuer darein
rühren.

Gelées. Sulzen.

Ein Gelée (Schelee) oder Blancmanger von Mandeln.

Es wird ein Rindsfuß mit zwey Kalbsfüsen, wenn sie sauber gewaschen sind, mit
ohngefähr 2 Maas Wasser ohne Salz zugesetzt, und langsam gesotten, bis die Füse
ganz waich sind, und die Beiner gern her-
ausgehen; alsdann wird es in eine Stollkachel abgegossen, die Beiner werden von
den Füsen alle zuruckgethan und die Brühe
nebst dem Fleisch noch fortgesotten, bis es
etwas über den halben Theil eingesotten ist;

hier-

hierauf wird es durch ein Haarsieb abgegossen, die Fette davon wohl abgehoben, auch
schon unter dem Sieden muß man so viel
möglich die Fette und den Schaum hinweg-
nehmen; ferner wird ein Vierling oder etwas mehr Mandeln so zart als möglich gestosen, daß sie nicht ölicht werden, und etwas gute Milch zum Stosen genommen;
diese werden mit etwas mehr als dem halben
Theil von der Kalbsfußbrühe angerührt, und
durch das Haarsieb getrieben, alsdann wird
Zucker darzu gethan, wie auch etwas auf
dem Zucker abgeriebene Citronen, nebst etwas Citronensaft; solches wird noch einmal
durch das Haarsieb getrieben, und so kann
man es in eine gehörige Form nach Belieben giessen. Artig läßt es, wenn man in
etwas von dieser Mandelmasse etwas braune
Chocolade rühret, in eine runde Schüssel,
die nicht gar zu groß ist und - Messerruckendick den Boden damit begießt; wenn es
veste gestanden, wird von dem Weissen eines
guten Fingersdick darauf gegossen, welches
indessen in der Wärme muß erhalten werden, daß man es giessen kann; alsdann
nimmt man von obiger Kalbsfuß-Brühe,
thut auch Zucker und auf dem Zucker abgeriebene Citronen darein, bis es süß ist, färbt
es mit spanischem Flohr oder Irbselensaft
schön roth; wenn das Weisse vest gestanden,
wird

wird das Rothe drey Fingerhoch darauf gegossen; immer muß das, was man darauf
gießt, nicht mehr warm, sondern nur so
beschaffen seyn, daß es noch lauffen kann,
weil sonst das untere sich davon entfärbt;
wenn es in einem kalten Ort über Nacht
vest gestanden, hebt man das Geschirr geschwind in heises Wasser, löset es oben herum an der Schüssel mit dem Messer ein wenig auf, daß es nicht so lang im Wasser
seyn darf, indem es sonsten zerschmilzt; stürzt
es auf ein Teller heraus: so kann man Fingersdicke Stücklein herabschneiden, auf ein
Teller legen, so wird es wie ein Schunken
aussehen. Man kann auch obige weisse
Masse stärker machen, in eine nicht gar
grose runde Porcellanschüssel giessen, solche
wie oben bemeldt, wenn sie gestanden, in
das Wasser halten, und umstürzen, mit einem Löffel in der Mitte ein groses rundes Loch
ausstechen, doch so, daß das Weisse anderthalb Fingerbreit am Ranft bleibe; indessen
wird von der übrigen Kalbsfuß-Brühe in
ein Stollhäfelein gethan, eben so viel guter
Wein darzu genommen, als es Kalbsbrühe
ist, von einer süsen Citrone die Schale
langlecht geschnitten, solche nebst ein wenig
Zimmet und Nägeln, auch Zucker, bis es
süß genug ist, gesotten, bis es wieder so viel
eingesotten ist, als es zuvor Kalbsfuß-Brühe

D 4

war, und der Saft von einer Citrone darein gedruckt; wenn das Gelée nicht etwas
gelblecht siehet, kann man ein paar Tropfen Kirschensaft darein thun; solches wird,
wie schon oft bemeldet, mit einem Eyerweiß,
das ein wenig zum Schaum geschlagen,
und darein gerührt wird, helle gemacht,
und durch eine ausgespannte Serpiette wie
gewöhnlich durchpassirt; wenn es abgekühlt ist, wird das Loch in dem Blanmansche damit ausgefüllt. Man kann auch das
weisse Blanmansche grün färben, und unterschiedliche Guß davon machen, z. E. in
einen blechernen runden Model wie ein halbes SchoppenGlas, braune, grüne, rothe
Guß auf einander, wie ein Band, solches,
wenn es ins heisse Wasser gehalten wird,
umstürzen, und auf die Tafel geben.

Dieses Blanmansche kann man auch
statt der Kalbsfüße mit Haußblase machen,
worzu aber etwas mehr Milch und Mandeln genommen wird.

Gesottener Stern.

Es werden für 8 Kreuzer Haußblasen in
einem Schoppen Rosenwasser gesotten, ein
halb Pfund Mandeln wird zart gestosen,
und mit Zucker süß gemacht, alsdann mit
dem gesottenen Rosenwasser, wenn es durch-
ge-

gepreßt worden, wie ein Knöpflenstaig angemacht, und auf eine Platte gegossen, wo
man es erkalten läßt; hierauf wird ein
Stern ausgeschnitten, und das herausge-
schnittene in ein Geschirr gethan, noch etwas Zucker und Erbselensaft roth gemacht,
und mit dem übrigen Rosenwasser dünn gemacht, und zwischen den Stern gegossen.

Gelée von Himbeeren und Johannis-
beeren.

Diese werden mit Wein abgekocht, man
läßt sie durch ein Tuch lauffen und über
Nacht stehen, daß es sich setze; alsdann
werden Kalbsfüse sauber gewaschen, wohl
abgeschaumt und langsam gesotten, bis es
eine Sulz gibt, wovon man eine Probe
machen kann, wenn man ein wenig davon
in Keller stellt: man gießt es ebenfalls durch
ein Tuch, hebt den andern Tag die Fette
davon, nimmt das Helle von der Sulz in
ein Geschirr, gießt das Abgesottene von den
Beeren darzu, nebst etwas auf dem Zucker
abgeriebenen Citronen, und so viel Zucker,
bis es süß genug ist; hierauf siedet man so
viel ein, als es vorher Sulz war, wascht
ohngefähr drey oder vier Eyer sauber, nimmt
die Schalen davon, druckt sie zusammen,
thut sie hinein, läßt es an einander sieden,

als-

alsdann schlägt man das Eyerweiß ein wenig zum Schaum, thut es darzu, läßt es
noch ein paar Wall aufthun, und gießt es
auf eine aufgespannte Serviette. Die er-
stere paar Löffelenvoll, die herablauffen,
werden wieder hinein geschüttet, damit die
Sulz schön helle werde. Man kann solche
Sulz auch von Kirschen, Stachelbeeren,
Aepfeln und dergleichen Obst machen; wer
will, kann auch Zimmet darein thun. Diese Gelée ist aber nicht zum Aufheben.

Gelées oder Sulzen zu behandeln.

Diese werden entweder von Haußblasen
oder Kalbsfüßen gemacht: will man sie von
Haußblasen machen, so wird ohngefähr auf
eine Bouteille Wein anderthalb Loth Haußblasen gerechnet, die Haußblase wird in ein
Wasser getunkt, sodann etwas breit geklopft, eine Stunde ins Wasser gelegt, so
kann man sie mit dem Messer zu Stücklein
schneiden, solche in einem kleinen Geschirr
mit etwas Wasser und Wein auf einem gelinden Kohlfeuer langsam absieden, bis es
zerflossen, alsdann kann man diese Haußblase erst in dem Saft oder Wein sieden,
welches davon gesulzt werden soll. Will
man eine Sulz von Kalbsfüßen machen, werden selbige also zugerichtet: die Kalbsfüße
wer-

werden von den Beinern abgelöset, sodann
wird die Haut mit siedendem Wasser über
das Feuer gesetzt, und wenn sie einen Sud
gethan haben, wieder abgenommen; ferner
werden sie wieder in frisches Wasser gelegt,
sauber gewaschen, und wieder mit Wasser
zugesetzt; wenn sie anfangen zu sieden, werden sie sauber abgeschaumt, sodann ganz
stät gesotten, bis die Sulz davon veste gestehet, wovon man eine Probe machen kann,
wenn man ein paar Löffelvoll hievon in die
Kälte stellt, da sich die Probe davon zeigen wird.
Diese Sulz kann also statt obiger Haußblasen gebraucht und mit dem Wein oder
Saft gesotten werden, bis es ohngefähr
wieder so viel eingesotten, als man Saft
oder Wein darzu genommen hat.

Das Durchlauffen von den Sulzen wird
wie folget behandelt: wenn die Sulzen gesotten, sie seyen süß oder sauer, wie mehrmalen in dem ersten Theil dieses Kochbuchs
gemeldet worden, können 2 bis 3 Eyer sauber gewaschen werden; ist es eine saure
Sulz, so werden auch mehrere darzu genommen; alsdann wird das Eyerweiß auf ein
Teller gethan, mit einem Messer ein wenig
geschlagen; wenn die Sulz noch siedet, werden solche darein gethan, nebst den Eyerschalen, welche ein wenig zusammen gedruckt
wer-

werden, und wenn es einen kleinen Sud ge=
than, wird es zuruckgesetzt; alsdann wird
eine nicht zu dünne und nicht zu dicke Ser=
viette an den vier Ecken auf vier Stuhlfü=
sen mit einem Bindfaden gebunden, der
Stuhl also umgekehrt, auf einen Tisch oder
andern Stuhl hingesetzt, ein sauber Geschirr
in die Mitte des Stuhls unter die Serviette
gestellt, sodann mit einem Vorleglöffel die
Sulz hineingeschüttet; zuerst aber muß man
suchen, die Eyerschalen und das Dicke von
der Sulz in die Serviette zu bringen; wenn
ein paar Löffelvoll abgeloffen, wird ein
andres Geschirr untergestellt, und das Ab=
geloffene wieder oben auf geschüttet; laufft
die Sulz noch nicht ganz klar, so kann man
es noch einmal so machen.

Johannisbeer=Gelée.

Die Johannisbeere werden, wenn sie
abgezopft, sauber gewaschen und wieder ab=
gelauffen sind, in einen steinernen oder ver=
gläsen Hafen gethan, und wohl zugebun=
den; alsdann wird dieser Hafen in einen
mit siedendem Wasser gefüllten Fushafen und
auf siedend Wasser gestellt, daß er immer
fortsiedet, bis die Johannisbeere zusammen
gefallen sind und Saft haben; hierauf wird
der Saft durch das Haarsieb abgegossen,
und ein Pfund Saft mit anderthalb Pfund
Zucker

Zucker in einem irrdenen Geschirr gesotten: wenn er anfangt einen Schaum zu bekommen, muß man ihn mit dem Schaumlöffel abnehmen, und so wird er unter langsamem Sieden öfters abgeschaumt, bis er beginnt dick zu werden, welches man am besten probiren kann, wenn etwas auf ein Teller gethan wird; hierauf gießt man es auf Porzellan, und füllt's in Gläslein, aber noch warm, ehe es anfangt zu gestehen; das Porzellan oder die Gläser müssen zuvor warm gemacht werden. Auf die nämliche Art kann auch Himbeer = Gelée gemacht werden.

Apfel = Gelée.

Die Aepfel werden samt den Schelfen, und allem, besonders Borsdörfer und Renetten, zu Schnitz geschnitten, mit Wasser wohl abgesotten; alsdann wird der Saft abgegossen, etwas Citronensaft darein gedruckt, zu einem Pfund Saft wird anderthalb Pfund Zucker genommen, und zu einem Gelée gekocht. Auf diese Art kann man auch von Biren Gelée machen.

Himbeer = Schaum.

Es werden 3 Löffelvoll Himbeere mit ein paar Löffelvoll Zucker abgerührt, 6 Eyerweiß

weiß zu einem dicken Schnee geschlagen,
nach und nach an die Himbeere gerührt,
und wenn es nicht süß genug ist, wird noch
mehr Zucker darein gethan, es muß um so
mehr viel Zucker genommen werden, damit
der Zucker die Steiffe von dem Schnee er-
halte; zuvor aber nimmt man 6 Loth Mandeln, wenn sie abgezogen, werden sie dünn
und langlecht geschnitten; man thut sie in
ein messingenes Pfännlein nebst 5 Loth Zukker, röstet es an einander, bis sie gelb sind,
doch nicht zu viel, daß sie nicht klebricht
werden, streuet davon auf eine Platte, welche man auf den Tisch geben will, thut den
Schaum Löffelvollweiß darauf, daß es wie
ein Berg wird, und bestreuet es wieder mit
Mandeln.

Ein grüner Berg im See.

Es wird eine Sulz von Kalbsfüsen mit
Wasser, Wein, auch etwas Eßig, mit Gewürz und Citronen wie gewöhnlich gesotten;
wenn man glaubt, daß sie gestehet, werden
die Kalbsfüse heraus- und alles Fett oben
hinweggenommen; hierauf wird es in zwey
Stollhäfen vertheilt, in das eine wird eine
Handvoll Peterling gestosen, und ein wenig
darinn gesotten, alsdann werden beyde wie
gewöhnlich mit Eyerweiß hell gemacht, und
durch)

durch eine aufgespannte Serviette gegossen;
zuerst gießt man das Helle dadurch, alsdann
das Grüne, das Helle gießt man in eine
flache Porzellanplatte, man kann ein wenig
blau gesottene Grundeln und etlich gesottene
Krebse darein thun; das Grüne gießt man
in ein tiefgewölbtes Geschirr; wenn beydes
gestanden, wird das Grüne geschwind in
ein heises Wasser gehalten, daß es heraus-
gehet, alsdann wird es umgestürzt und in
die Mitte auf die weisse Sulz gesetzt; noch
besser ist es, wenn man die grüne Sulz zuerst gestehen läßt, auf die Mitte der Platte
umstürzt, und die weisse Sulz, wenn sie
nicht mehr warm ist, darum gießt, und
wie obbemeldt behandelt; man muß aber
wohl acht haben, daß das Weisse nicht mehr
warm sey, weil sonst das Grüne davon zerschmilzt. Das Obere kann man mit unter-
schiedlichem Zuckerwerk garniren, das sich
zu einem Berg schickt.

Citronenmilch anstatt des Thee oder Chocolade.

Es wird eine grose oder zwey kleine Citronen auf dem Zucker abgerieben, alsdann
wird anderthalb Schoppen gute Milch siedend gemacht, wenn die Milch siedet, wird
der Zucker hinein gethan; hierauf werden
drey

drey oder vier frische Eyergelb in einer gros-
sen Milch- oder ChocoladeKanne wohl verrührt, sodann mit der Citronenmilch angerührt, und wieder in die Pfanne hinein geschüttet, da man sie noch ein wenig über
dem Feuer anziehen läßt, nur so, daß die
Eyer nicht mehr roh seyen, und sodann wieder heraus gethan, und mit dem Chocoladerührer gestrudelt, bis es Schaum hat: alsdann ist es fertig; wer keinen Schaum liebt,
kann es auch nur so vom Feuer weg geben.

Eingemachte Sachen.

Quitten-Pasten.

Die Quitten werden gesotten, bis sie zum
Schälen recht sind, alsdann werden sie geschält, und das Mark davon abgeschaben,
solches wird durch das Haarsieb oder einen
engen Suppenseiher getrieben; hierauf wird
ein Pfund feiner Zucker geläutert, man kann
zum Zuckerläutern von dem Quittenwasser
etwas nehmen; wenn der Zucker so lange
geläutert ist, bis er Bläslein bekommt, oder
wenn man mit dem Rührlöffel etliche Tropfen

pfen in die Höhe wirft, daß es wie Federn
herabfällt, rühre ein halb Pfund Quitten=
mark über dem Feuer, bis es recht unter
einander ist, und etlichemal gekocht hat;
darein; wenn es ein wenig abgekühlt, kann
man es in Model gießen, welche zuvor ein
wenig naß gemacht worden sind; wenn sie
24 Stunden in einem temperirten Orte ge=
standen, kann man sie mit dem Messer ab=
lösen, und auf dem Teller umkehren, daß
sie oben auch trocknen, und dann heraus
thun; will man sie aber in Porcellan gieß=
sen, kann es bis zum Gebrauch darinnen
aufgehoben werden; nämlich wenn man es
im größern Stück auf die Tafel geben will.

Eine andere Art.

Anderthalb Pfund Zucker wird wohl ge=
läutert, bis er so eingekocht, daß es, wenn
man ein wenig mit dem Löffel in die Luft
wirft, Fäden gibt; darein wird anderthalb
Vierling Quittenmark und ein halber Vier=
ling Quittensaft gethan, wenn es wohl un=
ter einander gerührt ist, werden runde Mö=
delen von Blech= und Weinbaches=Möde=
len, die unten offen sind, auf eine Zinn=
platte gestellt, und die Formen von der
Masse gefüllt; wenn sie abgetrocknet sind,
werden sie wie obige behandelt; man muß

R   sie

sie auch etlichemal auf dem Feuer aufkochen lassen.

Weinkirschen im Eßig.

Ein paar Handvoll abgezopfte Weinkirschen werden nebst den Steinen gestosen und durch ein Tuch gepreßt, man thue ferner in ein Zuckerglas abgezopfte nicht überzeitige Weinkirschen, thue den Saft daran, fülle es voll mit Eßig, gieße es wieder ab; zu einer halben Maas Eßig wird ein Pfund Zucker gerechnet, man setze den Eßig über das Feuer, wenn er anfangt zu sieden, schaume ihn ab, thue ein halb Loth Zimmet, ein halb Loth Nägelen dazu, lasse es ein wenig mitsieden, und den Eßig wieder erkalten, gieße ihn über die Kirschen, lasse es einen oder zwey Tage stehen, siede den Eßig wieder, und so zum zweyten oder drittenmal, so werden sie lange aufzuhalten seyn: wenn die Kirschen mit einem ganz feinen Steckelein, so dünn wie eine Nadel, ein paarmal gestupft werden, ist es besser.

Rosen-Eßig.

Nimm zwey starke Handvoll wohlverlesene Saamen- oder sogenannte hundertblätterige rothe Rosenblätter in ein Glas, thue etliche Pfefferkörnlein und ganze Nägelein,

lein, auch etliche Stänglein Zimmet darzu,
gieſſe eine Maas guten Weineßig darüber,
ſetze es in die Sonne und laſſe es etliche
Tage ſtehen. Auf dieſe Weiſe wird er recht,
und kann nicht allein zu Gebratenem aufgeſetzt, ſondern auch zu allerley Brühen gebraucht werden; wenn das Gewürz nicht
anſtändig iſt, kann man ihn auch ohne Gewürz machen.

Hagenbutzen oder Hägenſtäudlein einzumachen.

Es werden Zweiglein von Hägen, wenn
ſie recht ſchön zeitig ſind, abgebrochen, wo
zwey, drey bis vier an einem Zweiglein ſind,
die Stiele davon müſſen mit einem Tuch
und wo man nicht kann, mit einem Meſſer
ſauber abgerieben werden, doch ſo, daß das
Grüne nicht davon komme; alsdann werden ſie neben aufgeſchnitten, doch ſo, daß
ſie nicht von dem Stiel abbrechen, und daß
oben der Butze ganz bleibe; wenn die Kerne
ſauber ausgemacht ſind, werden ſie durch
ein paar Waſſer ſauber gewaſchen, und
man läßt ſie durch ein Tuch ablauffen; ſo
ſchwer die Roſenſtäudlein ſind, ſo ſchwer
nimmt man Zucker, dieſer wird wie gewöhnlich mit etwas Waſſer geläutert, und
wenn er abgeſchaumt, und die Roſenſtäud-

lein nebſt etwas langlecht geſchnittenem Zimmet und Nägeln darein gethan worden, läßt
man ſie darinnen ſieden, bis ſie waich ſind,
legt ſie in eine ſaubere Schüſſel heraus, läßt
den Zucker noch ein wenig ſieden, bis er,
wenn man ihn mit einem Löffel in die Höhe hebt, breite Tropfen fallen läßt; der
Zucker darf nicht allzuveſt geſotten ſeyn, und
dann gießt man ihn an die Hägen; wenn
ſie kalt ſind, werden ſie in ein Zuckerglas
gethan, der Zucker muß aber darüber gehen.
Man kann auch die Hagenbutzen mit geſchnittenem Citronat und Citronen ausfüllen;
man kann auch die Hägen ohne Stiel nehmen, neben aufſchneiden, ausputzen, mit
Hagenbutzen ausfüllen, und wie obige behandeln, auch zum Zuckerläutern Roſenwaſſer nehmen.

Apricoſen einzumachen.

Man ſchälet die Apricoſen, thut die
Steine heraus und halbiret ſie, ſetzet ſie in
einer ganz reinen Schüſſel herum, wenn es
ein Pfund Apricoſen iſt, ſo wird ein Pfund
Zucker darüber geſtreuet; man deckt es zu,
läßt es auf den andern Tag ſtehen, den andern Tag wird der Syrup abgegoſſen, ein
wenig geſotten und abgeſchaumt, ſodann
wieder über die Apricoſen gegoſſen; alsdann

läßt

läßt man es wieder über Nacht stehen, den
andern Tag wird der Syrup wieder abgegoſſen, die Apricoſen werden darein geſetzt,
und eine Zeitlang auf einem ſtäten Feuer
langſam gekocht. So kann man ſie in ein
Zuckerglas thun, es mit Papier verbinden,
und mit der Stecknadel etliche Löcher darein
ſtupfen; wenn man ſie recht haltbar machen
will, kann man den dritten Tag den Syrup
noch einmal kochen laſſen.

Eingemachte Sachen wohl zu erhalten, daß ſie nicht anlauffen.

Dieſe werden, wenn man ſie nicht täg-
lich braucht, und in die Länge aufhalten
will, mit einem geläuterten Zucker übergoſſen.

Stachelbeere einzumachen.

Nimm grüne Stachelbeere, welche völlig ausgewachſen ſind, und dreymal ſo viel
Zucker als ſie wägen, gieſſe Waſſer an den
Zucker, laß ihn kochen, wenn er abge-
ſchäumt und dick geläutert iſt, ſchütte die
Stachelbeere darein, und laſſe ſie in dem
Zucker aufkochen, gieſſe ſie in eine Schüſſel,
laſſe ſie wohl zugedeckt drey Tage ſtehen,
und koche ſie noch ein, oder zweymal, zuletzt aber den Saft davon etwas dicker.

R 3 Me-

Melonen einzumachen.

Wenn die Melone reif ist, wird sie geschält, die Kern heraus gethan, und Fingersbreit und Fingerslang Stücklein darvon geschnitten; alsdann setzt man eine halbe Maas Essig mit einem Pfund Zucker über das Feuer, nebst dem Weissen von einem kleinen Ey, läßt es zusammen sieden, und schaumt es so lange ab, bis es klar ist; hierauf läßt man noch langlecht geschnittene Citronenschalen, etwas groblecht zerbrochenen Zimmet, und etliche Nägeln ein wenig sieden, gießt es in eine irrdene Schüssel, läßt es abkühlen, bis man den Finger darinn leiden kann, legt alsdann die Melonen darein, und läßt sie vier Tage zugedeckt stehen, gießt den Saft ab, läßt ihn wieder kochen, gießt ihn darnach wieder in obbemeldter Wärme darüber, und läßt sie wieder etliche Tage stehen, gießt den Saft wieder ab, legt sie nebst dem Zimmet und Citronen in ein gutes Glas, siedet den Saft noch einmal ab, und gießt ihn, wenn er erkaltet, wieder daran.

Geschälte Kukumern.

Wenn diese noch ohne grose Kerne sind, so schält man sie, und schneidet das Mark heraus, salzet sie scharf, läßt sie so 24 Stun-

Stunden stehen; hierauf werden sie abgetrocknet und auf ein Tuch gelegt, und dann
wird der Eßig mit Pfeffer, Citronenschalen
und Lorbeerblättern gekocht, und kalt darüber gegossen.

Weinbeere im Zucker.

Diese müssen auch noch etwas hart seyn
und schön rein, alsdann wird Wasser in einem kupfernen Kessel gekocht und herab genommen, die Weinbeere darein gethan, und
zugedeckt, darinn man sie eine Nacht stehen
läßt; sodann werden sie herausgenommen,
daß sie abtrocknen, es wird Zucker geläutert und lauwarm über die Beere geschüttet,
wo er 24 Stunden so stehen bleibt; hierauf
gießt man den Zucker wieder ab und läßt
ihn kochen, und dieses so oft er dünne wird;
das letztemal wird der Zucker ganz warm
über die Beere gegossen, und gut verwahrt;
zu einem Pfund Trauben wird ohngefähr
ein halb Pfund Zucker genommen.

Orangen, welche so groß wie die Nüsse, und ganz grün sind, mit dem Stiel.

Sie werden wie die Nüsse eingemacht,
nur nicht gestochen und nicht gespitzt; zu einem Pfund nimmt man drey Viertel Pfund
Zucker, die Orange kann man auch zerspal-

ten,

ten, aushöhlen, und nur die Schale davon
einmachen.

Pommeranzen und Citronen ein-
zumachen.

Die Pommeranzen und Citronen, welche keine Flecken haben dürfen, und dicke
Schalen haben sollen, werden rund herum,
nämlich nur die Schelfen oder Schale,
nicht aber das Mark, damit sie ganz bleiben, schlangenweis Fingerbreit von einander durchschnitten; alsdann werden sie acht
Tag ins Wasser gelegt, und jeden Tag
frisches Wasser daran gegossen, auch die
Citronen etwas herunter gespannt; darauf
werden sie in frischem Wasser und etwas
Salz gesotten; dieses Wasser wird wieder
abgegossen, und ein hellkochendes Wasser
darauf, worinnen sie ganz waich gesotten
werden müssen; hernach werden sie herausgethan, auf ein Tuch gelegt und mit dem
Tuch zugedeckt, der Zucker wird in Rosenwasser geläutert, oder mit dem, worinn die
Früchten gesotten; alsdann kommen die
Früchten hinein, und werden darinnen gesotten, bis sie beynahe durchsichtig sind:
wenn sie etwas kalt sind, thut man sie ins
Glas; so oft der Syrup dünne wird, wird
er mit einem Stücklein Zucker gesotten, und
kalt

kalt über die Früchten gegossen; man kann
auch nur Citronenschnitze samt dem Mark
auf diese Art nehmen, es muß eben immer
so viel Zucker genommen werden, daß die
Früchten darinnen gesotten werden können,
und er zuletzt darüber gehet; zu 2 Pfund Pommeranzen wird ohngefähr 1 Pfund Zucker
erfordert.

Spargeln einzumachen.

Diese werden geputzt und einige Stunden in kaltes Wasser gelegt; hierauf wird
ein starkes Salzwasser zurecht gemacht, wenn
dieses anfangt zu sieden und abgeschaumt ist,
werden die Spargeln darein gethan, und
einige Wall darinnen aufgesotten, man läßt
sie darinnen erkalten, thut sie in ein Glas
mit einer Blase zugebunden, oder in einen
steinernen Hafen, oder Fäßlein, und stellt
sie an einen kühlen Ort; will man sie brauchen, werden sie über Nacht in laues Wasser gelegt, und alsdann vollends zurecht-
gemacht, zu einem Gericht, oder zu einer
Sos, oder zu einer Pastete genommen;
man kann auch das Glas mit Hammelfett
oder Schmalz zugiessen.

Quitten aufzubehalten.

Die kleine schlechte Quitten werden abgerieben, zu Schnitze geschnitten, mit allem

und wohl abgesotten, bis es Schleim gibt; hierauf nimmt man schöne frische Quitten, wascht sie sauber, siedet sie ein wenig, daß die Haut ganz bleibt, setzt sie in einen neuen Hafen, der wohl angebrühet worden, gießt die Brühe darüber nur kalt, gießt oben Schmalz darauf. So kann man es aufheben.

Eingemachte Renetten.

Zehen bis zwölf Stück Renetten-Aepfel werden geschält und zu Schnitzlen geschnitten; hierauf siedet man sie im Wasser, aber nicht zu waich, nimmt einen Schoppen von dem Wasser, thut ein Pfund Canarienzucker darzu, läßt es kochen, bis es auf dem Teller stehet, thut langlecht geschnittene Citronenschalen in ein Gläslein, auch wenn man will, etliche Mandelkerne, gießt den Saft darein, und läßt ihn gestehen, gegen Weihnachten ist er am besten zu machen.

Eingemachte Weichsel.

Wenn man ganze Weichsel einmacht, werden sie mit einer Nadel gestupft, eine Stunde ins kalte Wasser geworfen, und dann läßt man sie wieder ablauffen; wenn der Zucker geläutert ist, werden die Kirschen darein gethan, und langsam gekocht; zu einem

nem Pfund Kirschen braucht man völlig drey
Vierling Zucker.

Irbselens-Saft.

Die Irbselen (Berberis, Sauerdorn,
Weinnägeln) läßt man in einem steinernen
Mörser mit dem hölzernen Stämpfel zerstam-
pfen, damit sie den Saft von sich geben, den
man auf die nämliche Art aus ihnen preßt,
wie aus den Himbeeren; diesen Saft füllt
man in Bouteillen, bedeckt die Oberfläche
desselben mit feinem Oel, bindet die Bouteillen mit Papier zu, und stellet sie in Keller; wenn der Keller recht kühl ist, so wird
der Saft fast gar nicht treiben: man läßt
ihn ruhig, bis daß er helle geworden; alsdann nimmt man das Oel mit Baumwolle
ab, gießt das Helle vom Bodensatz ab,
und in andere Flaschen, bedeckt ihn wieder
mit Oel und verbindet die Flasche gut.
Solcher Saft wird sich, auf diese Weise
bereitet, ein Jahrlang vollkommen schön erhalten, darbey muß beobachtet werden, 1.)
daß die Erbselen nach dem ersten Frost ge-
sammlet werden, und daß 2.) der Saft
auf dem kühlen Platz im Keller bleibe, den
man ihm zum erstenmal gegeben hat.

Pom-

Pommeranzenblüthe einzumachen.

Diese wird, wenn sie noch zugethan ist,
gleich frisch vom Baum genommen, in sie-
dendes Wasser geworfen, darinnen man sie
liegen läßt, bis es abgekühlt ist, alsdann
wird sie abgeseihet, auf ein Tuch gelegt,
damit das Wasser abtropfen kann, der
Saft von einer Citrone wird darauf gedruckt, und unter einander gemischt, daß
solcher auf alle Blätter kommt. So werden sie hübsch weiß, alsdann in ein Glas
gethan, und gut gekochter Zucker darauf gegossen: so sind sie fertig.

Grose Garten-Erdbeere oder Preßling einzumachen.

Darzu müssen die schönsten ausgelesen
werden, die nicht ganz weiß, aber auch nicht
ganz roth sind, die Stiele werden nicht ganz
abgeschnitten, auf daß man sie anfassen
kann; man gießt einen dünngekochten Zucker darauf, welcher aber nicht heiß seyn
darf, sonsten werden sie bitter, darinnen
bleiben sie drey bis vier Tage stehen, alsdann wird es zusammen gekocht, wenn es
einige Wall gethan, werden die Beere mit
dem Schaumlöffel heraus genommen, und
in einen Seiher gethan, damit alles ablauffen kann, den Zucker läßt man wieder
gut

gut zusammen kochen, und kocht die Beere
damit, daß sie zum Aufbehalten recht seyen.

Weichsel mit Stein.

Die Stiele werden abgedreht, daß der
Saft nicht herauslauffen kann; alsdann
werden sie Lagenweis in das Glas gethan,
mit etwas ganzem Zimmet und Nelken bestreuet, bis das Glas voll ist; hierauf werden Weichsel im Mörser gestosen, und durchgepreßt; zu einem Schoppen Saft läßt
man ein halb Pfund Zucker zusammensieden,
wenn es ein wenig kalt ist, wird es über
die Weichseln gegossen, und nach 14 Tagen
wieder abgekocht.

Weichsel ohne Stein.

Die Weichsel werden ganz frisch vom
Baum genommen, die Steine subtil heraus gethan, der Zucker gewogen, so schwer
als die Weichseln sind, hernach geläutert,
wenn er kalt über die Weichseln gegossen
worden, wird er zugedeckt, da man ihn
24 Stunden stehen läßt, und so dreymal.
Die Steine lösen sich am besten von den
Kirschen ab, wenn man einen Federkiel an
der zugespitzten Seite abschneidet, damit an
der Kirschenstiel-Seite hineinfährt, und an
der andern den Stein mit hinaus stoßt.
Die

Die Kirschen sind nicht zum Einfüllen, sondern nur als Dessert zum Essen zu geben.

Kleine Zwetschgen.

Diese sind meistens in der Johannis-
woche brauchbar, wenn man sie mit einer
starken Stecknadel durchstechen kann, daß
der Kern noch waich ist, und dann werden
sie ins frische Wasser geworfen, worinnen
sie 4 Tage bleiben; hierauf werden sie mit
kaltem Wasser auf Kohlen gesetzt, wo sie
einige Wall aufthun müssen, auf ein Tuch
gelegt, daß sie trocken werden, und wenn
der Zucker gekocht ist, hinein gethan, daß
sie einigemal mit aufkochen; alsdann thut
man sie in Seiher, daß sie ablauffen können, und dann kommen sie ins Glas, der
Zucker muß noch mehr einkochen, und wird
darauf gegossen, so sind sie fertig.

Quitten-Schunken.

Wenn die Quitten gesotten, daß man
sie schälen kann, werden sie abgezogen und
das Mark abgeschaben, solches wird durch
ein Haarsieb oder engen Seiher getrieben;
hierauf wird für 2 Kreu. spanischer Floht
in einem halben Schoppen Quittenwasser,
worinn die Quitten gesotten werden, gewaicht, wenn es schön roth ist, wird das
Was-

Wasser an 20 Loth Zucker gegossen; den
Zucker läßt man sieden, bis er sich weich
spinnt, thut 20 Loth von den durchgetriebe-
nen Quitten darein, läßt es über dem Feuer
dick kochen, bis es sich von der Pfanne abzuschälen sucht; man muß es aber fleißig
rühren, daß es nirgends anhangt, thut es
mit einem silbernen Löffel sogleich auf ein
Papier heraus, und formiret es wie einen
kleinen Schunken; den Speck darzu macht
man also: siede 16 Loth Zucker mit Wasser,
bis er wie obiger spinnt, nur muß frisches
Wasser darzu genommen werden, alsdann
nimmt man von 16 Quittenmark wie obiges, nur muß darbey beobachtet werden,
daß das Mark zu diesem schön weiß sey, welches dardurch geschiehet, wenn die Quitten
schön weiß und schnell gesotten werden, denn
wenn sie lange in der Brühe liegen, und
langsam sieden, so werden sie roth; hierauf
werden 4 Loth abgezogene sehr klein gestoßene Mandeln nebst dem Quittenmark unter
den geläuterten Zucker gerühret, welches man
abermalen unter beständigem Umrühren wohl
kochen läßt, sodann wird der Schunken, so
dick als man den Speck haben will, damit
überstrichen; die Haut darüber macht man
also: Man läutere von dem Quittenwasser
6 Loth Zucker bis er spinnt, rühret 6 Loth
Quittenmark darein, und läßt es mittelst
fort-

fortdaurenden Umrührens so lange kochen,
bis es sich von der Pfanne durch das Umrühren abzuschälen beginnet, macht eine porcellanene Platte warm, streicht es darauf
in der Dicke, wie eine schweinene Schwarte, läßt es über Nacht darauf stehen, ziehet es von der Plätte, daß es kein Loch bekomme, sorgfältig ab, leget es auf den
Schunken und schneidet es nach demselben,
doch so, daß neben herum der weisse Speck
ein wenig heraus siehet, nimmt eine Linden-
Kohle, stößt sie klein, thut ein wenig Waf-
ser daran, und überstreichet damit mit einem kleinen Pinsel die Schwarte ein wenig,
läßt ihn 4 oder 5 Tag trocknen: so ist er
fertig. Man kann auch die Schwarten auf
der Porcellanplatte nach der Form des
Schunkens schneiden und anstreichen, alsdann aufrollen und auf den Schunken stek-
ken, als wenn er abgezogen wäre. Wenn
man den Speck auf den Schunken streicht,
muß man acht geben, daß auch noch etwas
Rothes vom Fleisch neben heraus sehe.

Quitten-Bratwürste.

Hierzu nimmt man von der nämlichen
Masse, welche zum Schunken an Fleisch
und Speck genommen wird, und mischt es
unter einander, mengt auch etwas gewürfelt
ge-

geschnittene Mandeln darunter, und füllt sie
in dünne Bratwürst-Därmlein auf: die
Därme müssen nach dem Waschen aufgebla-
sen und ein wenig ausgetrocknet werden;
wenn sie abgetrocknet sind, kann man sie sehr
lange aufhalten; man kann sie auch ohne
Därme machen, wenn man die Würstlein
im Zucker wärgelt, und trocknen läßt, und
während dem Trocknen noch ein paarmal
wärgelt, daß sie ihre Rundung behalten:
darein wird ein wenig Zimmet und Nägeln
gethan.

Johannisbeeren oder Kirschensaft ohne Zucker einzukochen.

Dieser Saft, er sey von Kirschen oder
Johannisbeeren, wird eben so ausgepreßt,
wie schon oft bemeldet worden, hernach gekocht und wohl geschaumt, bis er wie eine
Sulz stehet; während dem Kochen muß
man ihn fleißig rühren, damit er nicht anbrenne, alsdann ein wenig zerschlagen lassen, und in ein Glas thun, und verwahren:
dieser Saft ist sehr schön an vielen Sosen
und Speisen, ihnen eine gute Farbe und
guten Geschmack damit zu geben: sollte er
auch nach etlichen Tagen nachwässern, oder
dünne werden, so muß man ihn gleichfalls
umkochen.

S   Eine

Eine Erinnerungsregel wegen der vorstehenden eingemachten Sachen und Säfte, wenn man sie lang aufzubehalten gedenkt.

Alle eingemachte Sachen und Säfte, sie mögen seyn, wovon sie nur immer wollen, halten sich nicht, bis sie einigemal umgekocht worden sind, und weil sie bey dem Umkochen leicht versehen oder verdorben werden können, so muß man es bey allen eingemachten Sachen, wenn man sie umkochen will, also machen: nämlich man macht alles subtil aus den Gläsern in eine Pfanne, und setzt es anfänglich auf nicht allzustarkes Feuer, daß es nur allmählich heiß und dünne wird; hierauf nimmt man die Sachen mit einer Schaumkölle behende heraus, und läßt das Nasse zu dem andern rein ablauffen; ferner wird nach Proportion ein Stücklein Zucker darzu gethan, und auf nicht allzustarkem Feuer ordentlich gekocht, und mit umgerührt, und dann öfters einige Tropfen auf einem zinnernen Teller abgekühlt, und probiret, ob er stehet: so bald es wie eine Sulz gestehet, wenn sie kalt ist, so ist es recht, und so muß man es gleich vom Feuer abnehmen, denn wenn es zu stark und zu viel kochet, so wird es schwarz, hart und zähe, und verlieret auch seinen besten Geschmack
und

und Ansehen, daher muß man vorsichtig
damit umgehen.

Kirschen zu trocknen.

Man nehme so viele Kirschen als einem
beliebt, so frisch als sie vom Baum kommen, schneide sie an einer Seite auf, und
nehme den Stein heraus, man muß aber
behende damit umgehen, daß die Kirschen
nicht zerdruckt werden, alsdann läutere man
nach Proportion so vielen Zucker, als darzu
nöthig seyn kann, und lasse ihn abkühlen,
gebe ihn über die Kirschen und lasse ihn 24
Stunden stehen, gieße ihn wieder ab und
koche ihn, ohne daß man frischen Zucker
darzu thut, wieder zu seiner vorigen Dicke,
gebe ihn lauwarm wieder über die Kirschen,
und lasse ihn wieder 24 Stunden also stehen: dies geschiehet drey bis viermal, das
letztemal koche man den Zucker ganz hart,
und thue, wenn er vom Feuer genommen
wird, die Kirschen darein, lasse es zusammen kalt werden, da er dann herausgenommen und getrocknet wird.

Pfersiche zu trocknen, die grün sind.

Man nimmt unreife grüne Pfersiche,
und kocht sie im Wasser ein wenig waich,
und nimmt sodann den Kern heraus, thut

sie

sie in eine steinerne Schüssel und gießt dünne geläuterten Zucker darüber, aber laulecht; solches geschiehet wie vorher dreymal, die Pfersiche werden das letztemal mitgekocht, daß der Zucker etwas dick werde: solches läßt man zusammen kalt werden, und als= dann werden die Pfersiche heraus genom= men und getrocknet. Man kann die Kerne aus den Steinen klopfen, und in die Pfersiche stecken.

Zwetschgen zu trocknen.

Man muß die Zwetschgen nehmen, ehe sie reif und mürbe werden, schäle davon die Haut ganz dünne, thue sie in kochend Was= ser, und lasse sie ein wenig kochen, daß sie etwas mürbe werden; alsdann werden sie auf ein Sieb gelegt, daß sie abtrocknen, und es wird so viel Zucker ziemlich hart geläutert als es dünket nöthig zu seyn; man läßt sol= chen ein wenig abkühlen, und dann werden die Zwetschgen darein gethan und zusammen auf das Feuer gesetzt, wo man sie gemäch= lich ein wenig kochen läßt, bis die Zwetsch= gen vollends gut sind; sie werden mit ei= nem Schaumlöffel herausgenommen und auf eine zinnerne Schüssel gethan, der Zuk= ker wieder darüber gegossen, da man ihn etliche Stunden stehen läßt; die Zwetschgen wer=

werden herausgenommen und irgendwo aufgelegt, da man sie hernach in einer warmen
Stube trocknen läßt.

Kirschen zu überzuckern.

Man nehme schönen weissen Zucker, läutere und koche ihn so steif, daß er gleich
hart wird, wenn man auf einen Teller einen Tropfen fallen läßt; hierauf werden
schöne frische Kirschen, eine nach der andern,
hineingetunkt, geschwind wieder heraus gezogen und aufgehängt, daß sie trocknen; sie
müssen auch so frisch verbraucht werden.

Johannisbeere zu überzuckern.

Man nehme nach Gutdünken etwas Zukker und ein wenig Johannisbeer-Saft, auch
so man will, ein wenig Rosenwasser: dieses wird in einem kleinen Pfännlein gekocht,
bis es ziemlich dick wird; es werden ferner
rechte schöne Sträußlein Johannisbeere da-
hinein getunkt, geschwind wieder heraus gezogen, und in feinem weissen durchgesiebten
Zucker umgewärgelt, daß sie ganz weiß werden, und dann aufgelegt, daß sie trocknen;
man muß sie aber in kurzer Zeit brauchen.
Auf diese Art kann man auch Kirschen machen.

S 3 Zwetsch-

Zwetschgen im Zucker einzumachen.

Die Zwetschgen werden geschält und ausgesteint, es wird zu einem Pfund Zwetschgen anderthalb Vierling Zucker geläutert, und über die Zwetschgen gegossen, man läßt es über Nacht stehen, den andern Tag wird der Saft abgegossen, wieder siedend gemacht, wohl verschaumt, die Zwetschgen werden vollends darinnen ausgekocht, bis sie tauglich sind, in eine Torte zu füllen; wo man will, kann man auch Citronen und Citronat darein kochen.

Eingemachte geschälte Zwetschgen ganz aufzustellen.

Die Zwetschgen werden geschält und an einem Stecklein, wie wenn man sie dörren wollte, wohl abgetrocknet, der Stein wird oben herausgedruckt, und dann wie mit obigen Zwetschgen verfahren, nur daß sie schön ganz bleiben.

Borsdörfer Aepfel einzumachen.

Zu 30 Stück Aepfel rechnet man 6 Citronen; die Aepfel müssen im August gebrochen werden, man schält sie, schneidet sie von einander, thut die Butzen heraus, wirft sie sogleich, daß sie nicht braun werden, ins Wasser, in dem nämlichen Wasser werden
den

den sie alsdann gekocht, daß man sie mit
einem Strohhalm durchstechen kann; man
nimmt sie alsbald aus dem Wasser, legt
sie auf Bretter und spickt sie mit geschnittenen Citronenschalen, wiegt die Aepfel, und
nimmt eben so schwer gestosenen Zucker, thut
die Aepfel in eine Porcellanschüssel Lagenweis, so daß man allemal ein Geleg Aepfel
mit Zucker streuet und Citronensaft darauf
thut, bis die Aepfel, der Zucker und der
Citronensaft mit einander auf sind; man
läßt es über Nacht oder so lang an einander
stehen, bis der Zucker meistentheils zerschmolzen ist, läßt es dann mit einander kochen,
aber nicht zu lang, daß die Aepfel nicht
braun werden, thut die Aepfel heraus in
ein beliebiges Geschirr, wo sie aufbehalten
werden; der Saft muß aber noch so lange
gekocht werden, doch auch nicht zu viel, damit er nicht braun werde; wenn er etwas
erkaltet ist, wird er über die Aepfel gegossen
und aufbewahret: sollte der Saft gar zu
wässerig werden, so kann man ihn wieder
aufsieden.

Eingemachte süsse Cucumern in Eßig.

Es werden Cucumern von dieser Art genommen, auch geschält und zu Schnitzlein
geschnitten, und im Eßig und ein wenig

Salz

Salz gesotten, worauf man sie wieder wohl
ablauffen läßt; sie werden ferner Gelegweise
in ein Zuckerglas gethan, und auf ein jedes
Geleg Zucker und etwas Zimmet gestreuet,
und dann zugebunden; sie werden selbsten
eine Brühe ziehen, die darüber gehet.

Kleine Cucumern einzumachen.

Die Cucumerlein werden aus frischem
Wasser gewaschen, und wenn sie abgeloffen,
in ein Geschirr gethan; der Eßig wird mit
Salz, ganzem Gewürz, Rosmarin, Lor-
beeren, Till, Fenchel, wie ein waiches
Paar Eyer gesotten, wieder erkaltet und
über die Cucumern gegossen; hierauf schneidet man Stücklein von Schindeln, so weit
als das Geschirr oben ist, um die Cucumerlein damit hinab zu spannen, daß keines
über dem Eßig siebet; so halten sie das
ganze Jahr. Diese Methode ist überhaupt
bey allen in Eßig eingemachten Sachen gut.

Es ist auch gut, wenn man in ein kleines
Säcklein gutes Senfmehl thut, man legt
es oben auf die kleine Cucumern, gießt den
Eßig darüber, und läßt es darauf liegen; es
gibt ihnen einen guten Geschmack, und dient
zur Abwechselung.

Man kann auch von den eingemachten
Salz-Cucumerlen schälen, solche wie Essig-
Cucu-

Cucumerlen einmachen, oder in einen Eſſig von eingemachten Cucumerlen legen, und ſolche zuvor zu Schnitz ſchneiden: ſie ſind in wenigen Tagen gut zum Eſſen. Wenn dieſe Cucumern in rothen Rüben-Eſſig gelegt werden, iſt es auch angenehm zum Eſſen.

Gelbe Rüben im Zucker eingemacht.

Es werden kleine gelbe Rüben, ohngefähr Fingerslang und ſo dick, auch etwas kürzer abgeſchnitten, ſauber gewaſchen, alsdann im Waſſer geſotten, bis man ſie gelind ſtechen kann; man thut ſie hierauf aus dem Waſſer, ſchälet die Haut ab; wenn man ſie auch nur mit einem ſaubern Tuch abreibt, gehet die Haut ab; wenn ſie dann recht ſauber ſind, nimmt man Zucker in ein meſſingenes Pfännlein, thut Waſſer daran und läutert ihn, bis er verſchaumt iſt, thut die gelbe Rüben darein, nebſt Citronenſaft von ohngefähr 3 bis 4 Citronen, auch ein Stücklein Zimmet, läßt ſie noch eine Viertelſtunde kochen, thut ſie heraus auf ein Plättlein; wenn ſie ein wenig erkaltet, werden ſie im Zuckerglas den langen Weg oder vielmehr aufrecht in einander geſteckt; indeſſen wird der Zucker noch etwas dicker gekocht, und wenn es ein wenig erkaltet, über die gelbe Rüben gegoſſen, die Brühe muß eben darüber

S 5 über

über gehen, zu einem dreyschoppigen Glas
mit gelben Rüben wird man ohngefähr ein
Pfund Zucker brauchen; wenn sie ein paar
Tage gestanden, kann man den Zucker abgiessen, und noch einmal mit einem frischen
Stücklein Zucker umsieden; die Rüben werden zum Dessert aufgestellt, man kann auch
ein paar Citronenstücklein im Zucker sieden.

Johannisbeer-Essig.

Vier Maas Johannisträublein werden
abgezopft, anderthalb Maas guter Essig daran geschüttet, 14 Tage in den Keller gestellt,
und dann ausgepreßt. Für Kranke kann
man auch davon mit Zucker sieden, wie den
Himbeer-Essig.

Himbeersaft, wovon auch der Himbeer-essig zu machen.

Die Himbeere werden verdruckt, etliche
Tage in den Keller gestellt, bis sie anfangen
sich aufzuwerfen, alsdann durchgepreßt, wieder in den Keller gestellt, und in 24 Stunden wieder abgegossen durch ein Tuch, in
ein sauberes Geschirr, aber nur das Helle;
hierauf werden 20 Loth Saft und ein Pfund
Zucker in einer messingenen Pfanne über das
Feuer gesetzt, bis es einen starken Schaum
hat, welcher alsdann abgehoben wird; nachdem man es ein paar Wall aufsieden lassen,
wird es weggethan, der Schaum abermal
ab-

abgehoben und dann in Bouteillen gefüllt.
So kann man ihn lang aufhalten. Wenn
man Himbeeressig machen will, wird unter
einen hellen guten Essig von dem Saft ge=
than, bis er wie der Himbeeressig ist, als=
dann kann man davon zum Trinken nach
Belieben in das Wasser schütten.

Gelbe Rüben im Zucker und Essig zum Fleisch als Salat zu geben.

Die gelbe Rüben, wenn sie noch nicht
so gar alt sind, werden sauber gewaschen und
gesotten, bis sie waich sind; ferner werden
sie, wenn ihnen die Haut abgezogen wor=
den, den langen Weg Messerruckendick ge=
schnitten; diese Stücke werden wieder von
einander geschnitten völlig halb Fingerslang,
alsdann wieder den langen Weg geschnitten,
daß sie ohngefähr wie die Schwefelhölzlen
sind; hierauf werden Citronenschalen, ohn=
gefähr auch in dieser Länge, nur viel dün=
ner, geschnitten; es wird Zucker und Essig
mit einander über das Feuer gesetzt, wenn
solcher so lange gesotten, bis er wohl ver=
schaumt ist, werden die Citronen darinnen
gesotten, bis sie waich sind; man muß auch
etliche Stücklein Zimmet zuletzt mitsieden,
wenn die Citronen waich sind, werden sie
mit dem Schaumlöffel aus dem Essig her=
aus gethan; alsdann wird der Saft von 2
oder

oder 3 Citronen zu dem Essig gedruckt, wenn er noch einen Sud gethan, wird er zurück gestellt; indessen werden die gelbe Rüben und die Citronen in das Zuckerglas gethan, nämlich eine Lage gelbe Rüben und immer eine Lage Citronen darzwischen, wie auch die Stücklein Zimmet, so in dem Essig sind; wenn der Essig erkaltet, wird er über die gelbe Rüben gegossen; zu einem Zuckerglas von 3 Schoppen kann man 3 Schoppen Essig brauchen und ohngefähr 1 Pfund Zucker; wenn es etliche Tage gestanden, kann man den Saft abgiessen und noch einen absieden, und wenn er wieder erkaltet, darüber giessen; sodann muß man ein paar saubere Schindeln wohl abwaschen, wenn sie wieder abgetrocknet, die Weite von dem Zuckerglas abbrechen und solche mit hinab zu spannen suchen.

Gefrornes.

Von Citronen.

Zu ohngefähr anderthalb Schoppen Gefrornes nimmt man 5 bis 6 Citronen, die Citronen werden auf Zucker abgerieben und ab-

abgeſchaben, bis ſie gar ſind; hierauf wird
der Zucker in ein Geſchirr gethan, und ein
Trinkgläslen Waſſer daran gegoſſen, woran man es eine Viertelſtunde ſtehen läßt;
alsdann wird der Saft von den Citronen daran ausgedruckt, die Kerne aber zuruckgethan;
man nimmt ohngefähr ein halb Pfund Zukker und völlig anderthalb Schoppen Waſſer,
man kann auch halb Wein nehmen, alsdann wird alles unter einander gemacht;
ſollte es nicht ſüß genug ſeyn, ſo nimmt
man noch mehr Zucker, und thut es in die
Büchſe; iſt es eine Büchſe zum Drehen, die
dick von Zinn iſt, ſo wird ſie ins Eiß in eine
gute Gölte geſtellt, und zu einer Gölten voll
Eiß ohngefähr anderthalb Viertelen Salz
unter das Eiß, ſo wird die Büchſe gedreht,
und etlichemal aufgemacht, mit einem Koch-
löffel neben abgelöſet, und unter das Innere
melirt; iſt es dann ganz gefroren, ſo kann
man es in Schalen, Gläſer oder in einem
Geſchirr ſerviren.

Von Ananas.

Dieſe werden auf dem Riebeiſen gerieben und durch ein Haarſieb getrieben; hievon nimmt man den Saft, thut von ein
paar Citronen den Saft darzu, und Zucker
nach Gutdünken, weil die Ananas ſelbſt
ſüß ſind; ferner wird damit verfahren, wie
mit

mit obigem auch mit dem Waſſer, ohnge*
fähr ein Schoppen zu 2 Ananas.

Von Johannisbeeren.

Es werden Johannisbeere abgezopft,
und auf dem Kohlfeuer langſam abgekocht,
und der Schaum abgenommen, alsdann
die Brühe durch das Haarſieb abgegoſſen
und zugedeckt, bis es kalt iſt; darein wird
ein geläuterter Zucker gegoſſen, je nachdem
man Saft hat, bis es Sos genug hat,
in die Büchſe gethan, und wie bisher ver*
fahren. Wenn man es im Winter machen
will, wo man keine Johannisbeere hat, muß
man Gelée von Johannisbeeren nehmen, zu
einer Caffeeſchale voll Gelée kann man ei*
nen Schoppen Waſſer nehmen, und von
einer oder zwey Citronen den Saft, daß es
mehr recent wird, und noch Zucker bis es
ſüß genug iſt.

Von Kirſchen, Himbeeren und Obſt.

Auf obige Art kann man es auch von
Kirſchen und Himbeeren machen; wenn man
es nicht friſch hat, wird auch Gelée oder
die Himbeere durch das Haarſieb getrieben,
das Obſt wird in Waſſer und Wein abge*
kocht, und durch das Haarſieb getrieben.

Von

Von Pommeranzen.

Dieses wird gemacht wie von Citronen, nur nicht so viel Zucker genommen.

Von Chocolade.

Man reibt ein Viertel Pfund Chocolade und läßt anderthalb Schoppen süssen Rohm mit der Chocolade sieden, thut Zucker, bis es süß genug, darzu; hierauf werden 8 Eyer-gelb verkleppert und in den Rohm gerührt, aber nach und nach, und mit angerichtet, alsdann läßt man es auf dem Feuer anzie-hen, bis es nicht mehr nach Eyern riecht; doch muß man beständig rühren, daß es nicht gerinne, sodann wird es durch das Haarsieb getrieben, und in die Büchse ge-than, auch wie mit jedem verfahren.

Von Vanillen.

Es wird auf die nämliche Art gemacht, nur daß ein Stücklein Vanille zuvor in der Milch gesotten, und ein oder zwey Eyerdot-ter mehr genommen werden, weil es sonst nicht dick wird.

Von Caffee.

Es wird ein schöner Caffee geröstet, nicht zu braun, und sogleich in den Rohm gethan; wenn er ein wenig aufgesotten, werden die Bohnen heraus gethan, und wie mit obigen verfahren.

S

So kann man auch von Thee und von Zimmet machen, auch von Liqueur, nur daß man den Liqueur erst in den Rohn gießt, wenn er schon mit Zucker und Eyerdottern fertig gemacht, und erkaltet ist.

Will man das Gefrorne als eine Frucht auftragen, so wird es in darzu gemachte Formen gethan, welche vest beschlossen sind; wenn denn das Gefrorne noch nicht gar zu veste gefroren ist, wird es in den Model gethan, und dieser wohl mit Papier verwickelt, daß kein Salz darzu kommen kann, der Model ins Eiß gestellt, oben wieder Eiß darauf gethan, und wenn man es heraus thun will, wird es geschwind ins heise Wasser getaucht, daß es los wird, und auf die Platten gethan.

Es ist besser, wenn die Gölten und das Geschirr, worinn das Eiß ist, unten ein Loch mit einem Zapfen hat, weil das Eiß Wasser ziehet und gut ist, wenn man das Wasser ablassen kann; das Eiß muß überhaupt zu Stükken zerschlagen werden, daß es besser ist, die Flaschen darein zu stellen, und auch oben darauf zu thun, wo es immer auch seyn muß.

Man kann auch Gefrornes von Backwerk, Makronen, Biscuit und dergleichen machen, nur daß immer auch von Citronenschalen darzu komme: weil dieses den Rohn schön dick macht, wird nicht so viel Eyergelb genommen.

An-

Anhang.

Schlüsselblumen-Wein.

Vierzehn Maas Wasser und sieben Pfund
Zucker werden in einen saubern Kessel gethan, wohl verschaumt und so lange gesotten, bis der vierte Theil sich eingesotten hat;
dann nimmt man anderthalb Maas oder
sechs Biergläser voll zerstosene Schlüsselblu-
men, thut sie in einen guten Topf und von
10 Stück guten Citronen die Schalen in
kleine Stücklein geschnitten und den Saft
darauf gedruckt, auch 2 Messerspitz voll
Weinstein. Wenn das Zuckerwasser eingesotten, so läßt man es erkalten, bis es ist,
wie die Milch von der Kuh; hierauf nimmt
man 2 gute Löffelvoll Bierhefen und zerrührt
solche mit dem Zuckerwasser, das man alsdann auf die obgemeldten Stücke gießt. Die
Masse wird hierauf wohl zugedeckt, und 24
Stund stehen gelassen, worauf sie durch ein
Tuch stark gewunden und in ein Fäßgen
gegossen wird, worinn zuvor Wein gewe-
sen. Man gießt hierauf 5 kleine Maas guten Rheinwein darzu, verwahrt das Fäßlen

T   recht

recht wohl, daß keine Luft darzu kommen
kann. Wenn es auf diese Art 3 Wochen
gelegen, so zieht mans auf Bouteillen,
macht sie aber nicht zu voll, weil sie sonsten
zerspringen; sodann werden sie verstopft und
verpicht. Sollte der Wein Satz ziehen, so
muß man ihn nochmalen in andere Bouteillen abgiessen.

Dieser Wein ist sehr angenehm im Trinken, und je älter je besser. Ueber das Aus-
gedruckte kann man auch noch Wein giessen
und etliche Tage stehen lassen, wordurch
auch dieser Wein noch einen guten Geschmack bekommt.

Kirschenwein zu machen.

Es werden 3 Maas schwarze Waldkir-
schen und 3 Maas Weinkirschen abgezopft,
und in der Apotheke in einem eisernen Mörser gestosen oder in einem Mosttrog vermah-
len; alsdann wird ein gutes Weinfäßlein
von ohngefähr 12 Maas aufgemacht, und
ein Raif, so weit das Fäßlein ist, mit einem saubern Tuch überzogen, und vorge-
macht, wo der Hahn zum Lassen darein
kommt, daß nichts von den verstosenen Kirschen vor den Hahnen komme, und oben
wird ein viereckigtes Loch in das Fäßlein gemacht;

macht; hierauf werden die Kirschen darein
gethan, und mit gutem Wein aufgefüllt;
ferner werden Nägeln und Zimmet nach Belieben groblecht gestosen, ohngefähr ein halb
Loth Zimmet und so viel Nägeln, solches
wird blos oder in ein Säcklen von Tuch gethan, und in den Wein geworfen; alsdann
wird 2 oder 3 Tage lang alle Tag ein oder
2mal eine halbe Maas herausgelassen, und
oben hinein geschüttet; und dann ist er fertig; man kann den Wein auch wieder auf-
füllen, wenn 2 oder 3 Maas herausgethan
sind. Will man ihn von dürren Kirschen
machen, so wird zu eben dem Meß ein gut
halb Imi Kirschen genommen, wohl gestosen, auch halb süsse halb säure, und wie obige behandelt; alsdann wird ein Stücklein
Zuckercandel geläutert, und wenn man ihn
herausgelassen, und trinken will, wird von
dem Zucker darzu genommen, bis er in der
Süsse recht ist. Wer nicht viel will, kann
diesen Wein auch in einem grosen Krug an-
setzen.

Eine andere Art Kirschenwein.

Es wird von Weinkirschen, welche abgezopft sind, ein Fäßlein gefüllt, von 2, 3,
4 Imi, welche oben zum Sponten hinein
geworfen werden, doch nur so voll, daß es

ohn-

ohngefähr ein paar Maas leer bleibt; alsdann wird das Fäßlein mit gutem Wein voll
gefüllt, und nicht gar zu vest zugemacht, so
wird er in ohngefähr 14 Tagen gut zum
Trinken seyn.   Wenn man davon zum Trinken heraus läßt und ihn süs haben will, kann
man etwas ZuckerKandel läutern und ihn
davon süs machen.   Zuletzt, wenn der Wein
abgetrunken ist, kann man die Kirschen noch
zum Branntenwein-Brennen nehmen.

Quittenwein.

Zu 10 Maas guten Wein nimmt man
70 bis 80 Stück gute Quitten, diese schä-
let man ab, und schneidet sie sodann in ganz
dünne Schnitze, welche man nebst den Schalen von 6 Stück Quitten, der Schale von
einer Citrone, für 3 Kreuzer Zimmet, und
3 Kreuzer Nägeln und 6 Handvoll büchene
Hobelspäne in das Faß thut, und den Wein
darüber schüttet,   8 Tage darauf läßt man
etwas heraus, und thut den Vorschuß hinweg: so oft in der Folge davon gebraucht
wird, füllt man es wieder mit gutem Wein
auf, bis es nicht mehr riecht.

Zwetschgenwein.

Er kann wie obiger Kirschenwein behandelt
werden, nur daß die Zwetschgen aufgebro-
chen

chen und mit den Steinen in das Spunten-
loch geworfen werden.   Man kann auch etwas Waſſer zu dem Wein nehmen,   oder
auch etwas Wäſſer allein an die Zwetſchgen
thun.

Johannisbeer-Wein.

Es werden wohlzeitige Johannisbeerlein
gezopft, und in einer Schüſſel mit der Hand
ſo gut möglich verdruckt, alsdann läßt man
ſie ein paar Tag im Keller ſtehen, und preßt
ſie ſodann aus;   ein Fäßlen, welches ſehr
rein ſeyn muß, wird auf ein Geſchirr, eine
groſe Schüſſel oder Gölte geſtellt, und dann
wird ein Schoppen Saft und eine halbe
Maas friſches BrunnenWaſſer und dann
ein Pfund geſiebter Zucker in das Fäßlein
gethan, bis das Fäßlen ſo voll iſt, daß man
es nicht wohl mit dem Finger langen kann;
hernach laſſe man es ſo im Keller ſtehen, bis
es verjohren hat;   das Zeichen davon iſt,
wenn es nicht mehr ſiedet, wenn man das
Ohr hinhält; unten wird ein Spunten hineingethan, wenn es etwas überlauft, thut
es nichts,   es kann 5 bis 6 Wochen anſte-
hen, bis es helle wird; ſodann wird es in
Bouteillen gefüllt, zugepfropft, und wie andere Weine verwahret.   Es muß gleich ein
Hahn ins Fäßlein gemacht werden, daß man

herausfüllen kann, ohne es zu verschotteln.
Wenn man nicht viel machen will, und kein
so klein Fäßlein hat, kann man auch einen
grosen Kolben nehmen. Wenn man die
Bouteillen verpicht, ist es besser.

Ein Pulver, wovon man ein Getränk machen kann anstatt des Caffee oder Thee.

Ein Pfund Reiß wird sauber gelesen und
gewaschen, alsdann wohl getrocknet, dar=
auf fein gestosen und durch ein Haarsieb pas=
sirt. Auf eben diese Art macht man auch
von einem Viertel Pfund Mandeln Mehl
und mischet solches unter das Reiß; als=
dann werden noch 3 Loth gestosener Zimmet
und ein halb Loth Nägeln dazu gethan. Eine
Maas Milch wird mit 4 Loth von diesem
Pulver siedend gemacht, 2 bis 3 Eyerdotter
verrührt, die siedende Milch daran gegossen,
mit einem Chocoladerührer schaumigt ge=
rührt. Alsdann kann man es zum Essen
oder Trinken vorsetzen. In die Milch wird
Zucker nach Belieben gethan.

Guten Eßig zu machen.

Es wird ungefähr eine halbe Maas gu=
ter Weinessig in ein Fäßlein, Kölben oder
Hafen

Hafen gethan, solcher wird mit Wein, der
zu dem Essig bestimmt ist, wenn er zuvor
recht warm gemacht worden, aufgefüllt,
doch nicht ganz voll; alsdann werden etliche Messerspitzvoll gestosenen weissen Zucker
darein gethan, und ein Stücklein waiches
Brod, wenn es noch ganz heis aus dem
Ofen heraus kömmt, darein gethan; sodann wird der Essig zugemacht, im Winter
in einem temperirten Ort, und im Sommer,
so viel möglich, in der Sonne aufbehalten,
bis er sauer ist; wenn er anfangt recht sauer
zu seyn, muß man Acht haben, daß man
ihn in steinerne Krüge oder Bouteillen thue
und in Keller stelle: denn wenn er sauer ist
und zu lang in obigem Geschirr ist, stehet
er gern ab: auf jene Weise aber kann man
ihn Jahr und Tag aufbehalten. Hierauf
wird das Geschirr, worinn der Essig angesetzt ist, sauber ausgeputzt, der ärgste Satz
hinweg gethan und wieder auf obige Art angesetzt. Die Probe ist richtig, daß, wenn
in einem irdenen Geschirr der Essig angesetzt
wird, er bälder sauer wird, als in einem
Fäßlein oder Kolben.

Obstessig zu machen.

Man nimmt Holzäpfel und Biren, welche gemostet und gekeltert werden, hernach
thut

thut man diesen Most in einen Zuber, und
läßt ihn einige (etwa 6) Tage stehen, daß
er gähret; alsdann thut man ihn in einem
Faß in den Keller und läßt ihn einige Mo-
nat liegen, da man ihn auf ein anderes Faß
abziehet, so ein paarmal geschehen kann,
nachdem man es nöthig findet; hierauf wird
er in kleine Fäßlein gefüllt, und in einem
Zimmer oder andern warmen Ort zum sauer-
werden bewahret.

Dürres Fleisch und Schunken vor Ma-
den und Würmern zu bewahren.

Man macht eine scharfe Lauge zurecht,
sobald das Fleisch oder Schunken aus dem
Rauch kommt, wird sie kaum lau, und ja
nicht warm, über das Fleisch gegossen, und
solches damit abgewaschen, auch sogleich
wieder abgetrocknet mit einem Tuch, sodann
an einen lüftigen Ort gehängt, daß es voll-
lends wohl austrockne und dann an keinem
feuchten Ort aufbewahrt.

Eine Hand-Pommade.

Ein Vierling Mandeln wird fein gestosen,
mit einem halben Schoppen Honig und 3
Eyergelb angerührt, und solches in einem
Porzellangeschirr aufbehalten; alsdann wird
jedesmal zum Handwaschen einer kleinen
Nuß

Nuß groß genommen, und die Hände davon
mit etwas Waſſer wohl abgerieben, hernach
mit Waſſer vollends wohl abgewaſchen und
gut getrocknet; man kann die Mandeln abziehen oder ſo laſſen: ſchöner ſehen ſie aber,
wenn ſie abgezogen werden.

Eine gute Haar-Pommade.

Ein halbes Pfund Ochſenmark wird zer-
ſchnitten, ausgelaſſen und durch ein Tüchlein gepreßt; hierauf werden 4 Loth weiſſes
Wachs auch zerlaſſen und darzu gethan, wie
auch für 6 Kreuzer Haſelnußöl. Diß wird
alles unter einander gerührt, bis es weiß
und geſtanden iſt, alsdann thut man für 12
Kreuzer Orange- oder Citronenöl darein und
rührt es wohl.

Waiche Haarpommade, eine andere Gattung.

Laß einen halben Vierling Wachs vergehen, rühre einen Vierling vom beſten
Baumöl darein und für 3 Kreuzer Orange-
blüth-Oel, rühre es recht bis es anfangt
hart zu werden, und gieß es ſodann ins Geſchirr.

Harte

Zarte Haarpommade.

Ein Vierling Unschlitt wird ausgelassen und durchgepreßt, 2 Loth zerlassen Wachs darzu gethan, darauf ein halber Vierling Poudre und für 3 Kreuzer Orangeöl darein gerührt. Hierauf werden Gucken wie zum Geld gemacht, solche in Sand gestellt und darein gegossen.

Wachstücher zum Wichsen.

Ein Vierling gelbes Wachs wird zerschmolzen, dann folgendes darein gegossen: für 1 Kreuzer Terbenthin-Spiritus und für 2 Kreuzer Aloe, Salbei, alsdann wird das Tuch durchgezogen und erkältet.

Mucken-Lack.

Nimm Calphonium 12 Loth, Leinöl 6 Loth, Venetianischen Terbenthin 2 Loth; dieses wird mit einander unter beständigem Umrühren wohl gekocht, mit Sorgfalt daß es nicht anbrenne, und nicht gar zu lange koche. Die Stecken werden damit überstrichen, und wenn sie voll von Mucken sind, wieder abgestreift. Der Lack wird warm gemacht, und wieder überstrichen, und so fort.

Schö

Schöne Lichter zu machen, die den Wachslichtern gleichen.

Erstlich nimmt man Unschlitt, es sey Rinds-Schaaf-oder Bock-Unschlitt, und hackt es klein, thut es hernach in einen irrdenen Stollhafen, worinnen so viel frisches Bronnenwasser ist, bis der Boden bedeckt ist, und stellt es auf eine Gluth; hernach aber füllt man gleich ein anderes Häfelen mit Wasser, und thut so viel man Pfund Unschlitt hat, so viel Löffelvoll Salz in das Häfelen, und läßt es auch allmählich heiß werden, und wann das Unschlitt anfangt zu sieden, so schüttet man das Wasser mit dem Salz in das Unschlitt, und läßt es wieder ein wenig sieden, hernach schüttet man auf 2 Pfund Unschlitt einen halben Schoppen scharfen Weineßig daran, und läßt es wieder eine Viertelstunde sieden, alsdann seihet man das Unschlitt durch ein Tuch, und läßt es kalt werden; die Grieben aber kann man auch wieder vergehen lassen.

Erstlich nimmt man schön gerädete (gesiebte) Asche nach Proportion der Grieben, thut sie samt den Grieben in eine Stollkachel, schüttet Wasser daran, und läßt es wohl kochen, so lange bis man keine Grieben mehr siehet; alsdann läßt man es kalt werden, so wird die Asche zu Boden fallen, und das
Un-

Unschlitt in der Höhe bleiben; man hebt hierauf das kalte Unschlitt ab, und läßt es allmählich zergehen, hernach seihet man es durch ein Tuch, und thut es zu dem andern; darauf legt man ein Tuch auf einen Tisch, und zerschneidet das Unschlitt klein, und legt es auf das Tuch, und läßt es über Nacht trocknen; alsdann läßt man es wieder verge= hen, aber nicht warm, und gießt es in For= men, so ist es recht.

Re=

Druckfehler.

Seite 16. Lin. 23. lies Nudeln, an statt Strudeln.
— 46. Lin. 11. lies davon, statt vom Reiß wer= den.
— 127. Lin. 25. Eyergelb, statt Eyerweiß.
— 225. lin. ult. man kann sie, statt man sie.

Register.

Not. Das vornen angezeichnete * bedeutet die Fastenspeisen.

Artt.

Blanc-

Ein-

U   Farbe

Hipp-

U 4 Pastet=

Tabaks-